THE ACTUAL DIVERSIFICATION STRATEGY

新規事業と多角化経営

山地章夫
AKIO YAMACHI

CROSSMEDIA PUBLISHING

まえがき

あなたが今、手にしているこの本は、私が実施している研修プログラムから生まれたものです。その研修とはヤマチユナイテッドのような会社にしたいという要望に応えて、6年ほど前から実施している画期的なもので、そのノウハウをこの本に詰め込んでいます。

その研修の目的は、

・多角化経営という戦略で安定と成長を手に入れること。

・そのために、幹部と社員全員が経営参加する会社に変えることです。

それには仕組み（経営手法）があります。

長い間やってきたその仕組みで、当社は事業数約50、年商合計200億円を超え、就業員720名、就職人気企業ランク10位、地元のプロスポーツのスポンサーになるほどの余裕がある企業グループになりました。

その実績あるプログラムは、社長と5人以上の幹部もしくは幹部候補たちが共に学び実践するものです。期間は10か月間。当社の研修所で二か月に一度、合計6回にわたり一泊二日の講義を受け、会社に帰って実践するというものです。（最近はオンラインでもやっています）。従業員20名以上の会社が対象ですが、なかには1000人規模の会社も参加されています。

幹部が中心となり全社員を巻き込み、新規事業を企画し、会社の仕組みをつくり実行していきます。最後には経営改善の中長期計画書を幹部の手で作ります。学ぶだけで実践しないのでは意味がないので「連邦多角化経営実践塾」と名付けています。

おもしろいことに、研修の早い過程で徐々に経営の仕組みができ、幹部が急成長して、社長が急に楽になります。新規事業に対して全員が前向きになり、アイデアがどんどん出るようになります。結果として企業成長していくのです。また後継者が参加し幹部とともに学びスムーズな事業承継を果たした企業も数社あります。

しかし、その研修受講にはいろいろなハードルもあります。経営のやり方を変えるのが怖い、研修時間が取れない、幹部があまりいない、組織がまだ小さい、などです。それで私は、この本を書きました。創業年数の浅い小規模会社の経営者、これから会社を承継する予定の後継者にも読んでもらいたくて、塾のプログラムの重要な部分を選び、惜しみなく書いた本です。来るべき攻め時のためにじっくり読んで、自分でビジョンを考えてみて下さい。

なお本書は、実証済みのケースで書きたかったので、当社の事例での説明を多くしていて、同じ事業のケースが何度か出てきますが了承してください。

この本を読んでいただきたい方は次の方です。

① 多角化しているがうまく行かない企業の方
② 従業員20人以上の多角化していない企業経営者の方
③ 経営に参加する意欲のある社員の方
④ 仕組みづくりで事業拡大したい方
⑤ 経営多角化のやり方を知りたい方
⑥ とにかく実績を作りたいと思っている後継者の方
⑦ 将来会社を大きくしたい小規模事業経営者

該当する方は、読みにくいところがあれば飛ばして、どのページからでも気軽に読んでください。きっと経営に対する考えが変わると思います。

なお最後のページに、本を読んでいただいた方へのプレゼントで、他では読めない、聞けない多角化情報、経営ノウハウなどの限定情報を入手できるQRコードを印刷しておきますので活用してみてください。

新規事業と多角化経営

目次

3 多角化を成功させる「経営の仕組み」

THE SUCCESSFUL STRUCTURES OF ADMINISTRATION

4 多角化の「人材戦略」

THE HUMAN RESOURCES STRATEGIES FOR DIVERSIFICATION

1 今こそ「多角化経営」を始めよう

DIVERSIFICATION
OF MANAGEMENT

中小企業こそ「多角化」に取り組もう

「中小事業の合計で実質大企業」を目指す

年々人口が増え、モノが不足している時代は、ヒット商品やヒット事業をひとつ生み出せれば、市場をスピード拡大し、会社を短期間で大きく成長させることができました。しかし、人口減少社会に突入し、消費者の多様化や成熟化が進んでいる現在は、そう簡単にはいきません。一発逆転の「ホームラン」を狙うのは現実的ではありません。

ただ、そんな今の時代でも、アイデアや戦略次第ではいくらでも「ヒット」を狙うことは可能です。差別化の効いたヒット事業を積み重ねることで、事業間のシナジー効果も働き、事業拡大は加速していきます。

そんな時代に最も適した経営手法が、「多角化経営」です。「多角化」という言葉から、「ヒト・モノ・カネの経営資源が豊かな大企業が取るべき戦略だ」というイメージを抱く人もいるかもしれません。実際、元気のある大企業は積極的に多角化を進めて、上場会社が別の上場会社を生むといったケースも少なくありません。

私がいいたいのは、「多角化」は大企業だけの戦略ではないということ。本書を読んでいただければわかりますが、多角化は中小企業にも、いや中小企業こそ取るべき戦略なのです。

本書で述べる「多角化経営」とは、ひとつの事業に絞るのではなく、3つ、6つ、9つとぶどうの房のように、次々と売上数千万円～数億円規模の新しい事業や会社を増やしていくことです。そうすれば事業単体では中小でも合計の年商や社員数で実質大企業となることができるのです。

その際、必ずしも分社（事業や組織の一部を分離して独立した新しい会社をつくること）のスタイルを取る必要はありません。独立採算管理されているのであれば、事業部でもかまいません。

差別化の効いた事業ブランドを複数持つことができれば、ホームランとなる事業や商品がなくても、会社規模を拡大することができます。

ニッチ市場であれば、中小企業でも十分にナンバーワンになることができますし、市場規模が小さい分、大企業も触手を伸ばしにくい傾向があります。小回りの利く中小企業だからこそ、ニッチ市場でも輝くことが可能です。

100の事業、100人の経営トップを生み出す

実際、私の場合も、建築資材の卸売り会社を先代から引き継いでから、20年以上にわたり多角化を進めてきました。

現在では、注文住宅、マンションリノベーション、住宅リフォーム、インテリアショップ、カフェ、レストラン、機能訓練デイサービスなどを行う「ライフスタイル事業」。全国を市場として、主に企業向けにイベント企画施工、デイサービスフランチャイズ、住宅フランチャイズ、建築資材貿易および製造・販売、家具製造、多角化支援事業などを行う「プロフェッショナル事業」など、合計50の事業を展開し、年商

200億円以上のグループへと成長しています。

今後も、人々の生活の質を向上させる「生活デザインの総合企業」として、多角化の歩みを止めることはなく、100個の事業を成功させることを目標としています。

当社はそれを「THE100VISION」という経営ビジョンに掲げています。

① 100の事業を成功させる
② 100人の経営トップを生み出す
③ 100年以上続く愛される企業になる

私たちは、多角化を推し進めることが、会社の成長を加速させ、多くの経営者を作り、社会的にも貢献する事業で愛され続ける持続可能な企業になると信じているのです。

ヤマチユナイテッドの多角化 50 事業（参考）

ライフスタイルビジネス（BtoC）

注文住宅建築→ 6 ブランド
分譲住宅→ 1 ブランド
住宅リフォーム→ 2 ブランド
中古住宅販売事業→1
ガーデン外構工事事業→ 1 ブランド
マンションリノベーション→ 1 ブランド
インテリアショップ→ 3 ブランド
オーダーソファー専門店→ 1 ブランド
レストラン→ 2 ブランド
カフェ→ 1 ブランド
機能訓練デイサービス直営店事業→「きたえるーむ」約 20 店
保険事業
ホテル事業

プロフェショナルビジネス（BtoB）

国内メーカー建材販売事業
オリジナル建材貿易販売事業
住宅構造パネル生産販売
建築資材 WEB 販売事業
住宅システム全国フランチャイズ事業→6ブランド
きたえるー全国フランチャイズ事業→「きたえるーむ」約 100 店
イベント企画制作事業
ドイツ大型テント販売総代理店
機材レンタル事業
WEB スタジオ運営事業
業務用オーダー家具製造事業
家具製造輸入販売事業
オリジナルソファー国内製造販売事業
経営支援「連邦多角化経営実践塾」他セミナー事業
ブランディングコンサル事業
太陽光発電事業
新規事業インキュベーション事業
不動産開発賃貸事業→6法人

YAMACHI UNITED 理念体系

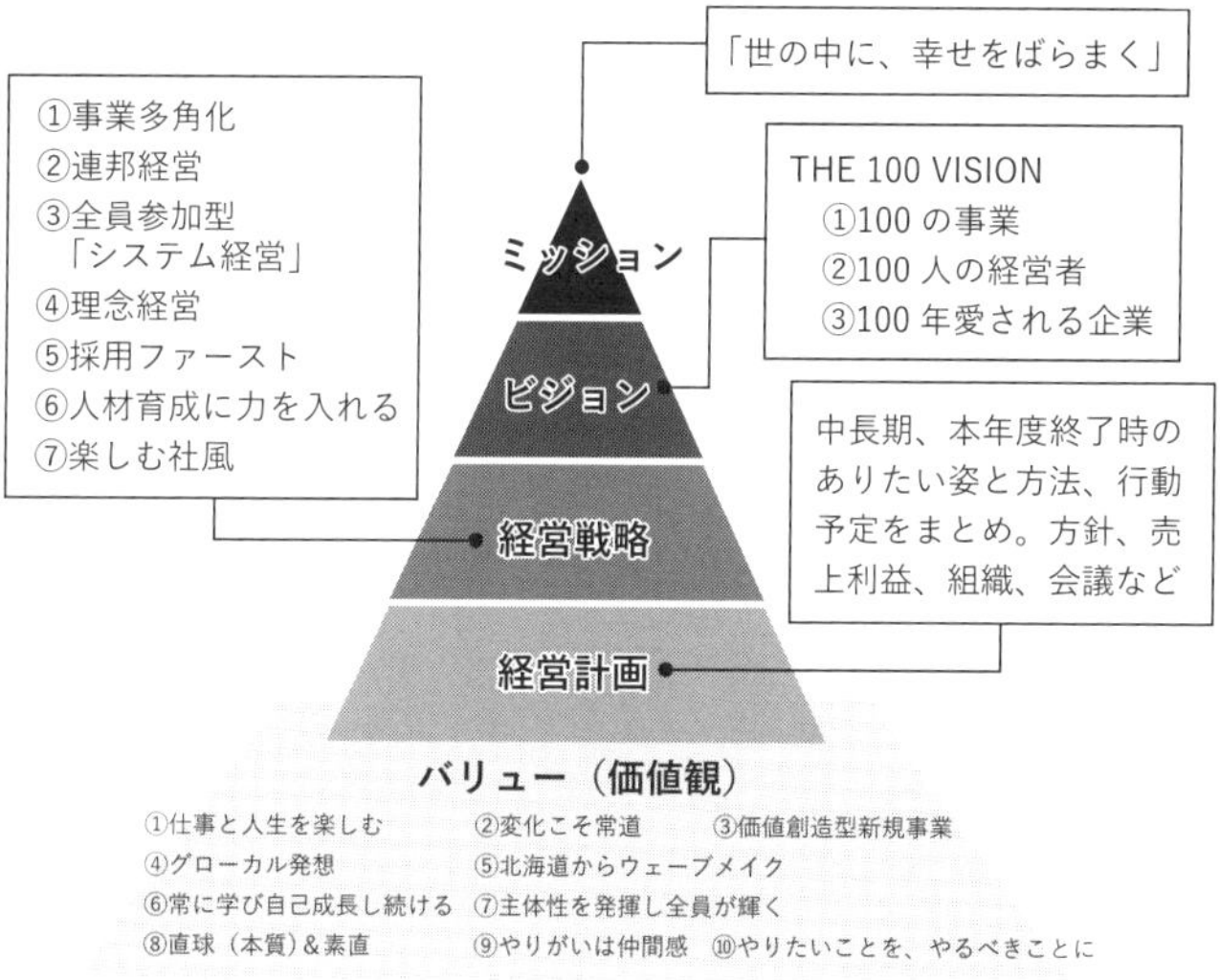
「世の中に、幸せをばらまく」
①事業多角化
②連邦経営
③全員参加型「システム経営」
④理念経営
⑤採用ファースト
⑥人材育成に力を入れる
⑦楽しむ社風
ミッション
THE 100 VISION
①100 の事業
②100 人の経営者
③100 年愛される企業
ビジョン
中長期、本年度終了時のありたい姿と方法、行動予定をまとめ。方針、売上利益、組織、会議など
経営戦略
経営計画
バリュー（価値観）
①仕事と人生を楽しむ
②変化こそ常道
③価値創造型新規事業
④グローカル発想
⑤北海道からウェーブメイク
⑥常に学び自己成長し続ける
⑦主体性を発揮し全員が輝く
⑧直球（本質）&素直
⑨やりがいは仲間感
⑩やりたいことを、やるべきことに

YAMACHI UNITED VISION

THE 100 VISION

① 100の事業を成功させる
② 100人の経営者を生み出す
③ 100年以上続く愛される企業になる

「多角化」のメリットを理解する

多角化の4大メリット

「多角化経営」を実戦すると、ひとつの事業に集中しているときよりも、様々な面で経営が面白くなります。多角化経営のメリットはたくさんありますが、主なものは次のような点が挙げられます。

①「規模拡大の近道」になる
②リスクを分散できる
③社員の成長をうながせる
④社長に余裕が生まれる

①「規模拡大の近道」になる

当たり前ですが、ビジネスの規模が大きくなって会社が成長していけば、経営は楽しくなっていきます。

「会社は小さいままでいい」という経営者は、めったにいないのではないでしょうか。ウチは売上数億円の企業というより、数十億円、数百億円の企業といって胸を張りたいのが本音だと思います。

中小企業がひとつの事業に集中するということは、大きく儲けることをあきらめるということを意味します。現時点ではある程度儲かっているかもしれませんが、中小企業は市場規模も小さく、価格決定権がないことが多い。いきなり市場がなくなってしまう可能性もあります。しかも、いきなり市場が大きく広がる時代でもないので、良くて現状維持、どんなに頑張っても5％伸ばすのがやっとという会社も多いでしょう。

しかし、事業が増えていけば、その数の分だけ30%、50%、１００%と大きく数字を伸ばすことも可能なのです。

縮小する市場で売上を伸ばすのは、下りのエスカレーターを駆け上がるようなもの。既存の事業の成長には限界がありますが、新規の事業はそのまま業績アップにつながります。会社を大きくする方法はいくつかありますが、一番簡単な手法の一つが「多角化経営」なのです。

「選択と集中」という言葉を聞くことがあると思います。「選択と集中」は本来、大企業が生産性を上げて、高収益モデルになるための戦略、あるいは経営難の状態に陥った企業が巻き返しを図るための戦略です。これから会社をもっと発展させようという中小企業が取るべき戦略ではありません。経営のコンサルタントや金融機関がよく口にする「ひとつのビジネスに集中しなさい」という言葉に惑わされてはいけないのです。

また、企業規模が大きくなれば、「グループ力」を発揮できるというメリットもあります。単純に規模の大きな企業のほうが信用されやすくビジネスを展開しやすいですし、採用のブランディングの面でも効果的です。たとえば、当社のグループには、オシャレなインテリアショップや人気のカフェもあるので、募集のときなどは若者に訴求しやすくなり、採用活動を有利に進めることができます。

②リスクを分散できる

私が多角化経営に乗り出した最大の理由が、この「リスク分散」です。

古い話になりますが、1998年、北海道拓殖銀行の経営破綻後の金融不況で、住宅産業界は急激な市場の悪化に襲われ、業績も最悪といえる状況でした。そのタイミングでグループ代表になりました。

新年度の事業計画をつくったところ、全然黒字の経営計画が組めない……。当時は住宅建材の卸売業を主力としており、事業が住宅産業界に偏っていました。したがって、住宅市場の急な冷え込みのなかで、利益を回復させるような手立てが見つからなかったのです。企業を存続させるのがやっとでした。

そして、私は、事業所を多数閉鎖するなど次々とリストラを行い、グループで合計175人いた従業員数も75人まで減ってしまいました。

結果的にV字回復を遂げることができましたが、このとき私は、多くの若い社員が会社を去っていった喪失感、経営環境の急激な変化に対してリストラでしか対応できなかった敗北感を味わいました。

他にカバーできるような事業を持っていれば、こんな思いをしなくてもよかったのに……。このときの悔しい思いが多角化経営の原点にあります。

それ以来、私は住宅関連以外の新規事業の開発にも注力し、多角化を進めていった結果、2002年会社は成長路線に乗りました。

経営者であれば、どんなに好調な事業がひとつあったとしても、常に「このまま調子がいい時期はいつまでも続かないだろう」と不安に感じているものです。しかし、売上の柱となる事業が複数あれば、そうした不安を抱かずにすみます。

仮に、あなたの会社が10の事業を持っているとしましょう。

このとき、市場の急激な冷え込みでひとつの事業が2000万円の損を出したとしても、他の事業で5000万円儲かるネタがあれば、「まあ、なんとかなるか」と余裕を持って経営の舵取りができます。

当社の場合も、多角化経営が軌道に乗ってからは、2008年のリーマンショック、2011年の東日本大震災、2020年のコロナショックといったピンチも軽々乗り越えることができました。いくつかの事業の利益が下がっても、他の部門がカバーしてくれたからです。

また、仮にひとつの事業が立ち行かなくなり、かつての私のようにリストラをしなくてはいけない状況に追い込まれても社員を減らさなくてすむ。リストラをするのは、経営者にとって、大きな心理的負担になります。

しかし、他の事業に配置転換するなどして緊急避難できれば、そうしたストレスは感じずにすみます。

「選択と集中」ではなく「選択と分散」なのです。

③社員の成長をうながせる

事業が増えれば増えるほど、経営者一人で対応できないことも増えていきます。必然的に部下に仕事を任せなければなりません。つまり、事業が増えるということは、ポストが増えることを意味します。

最高の成果を出すためには、仕事を任せる社員と目的やゴールを確認しあったうえで、大胆に仕事を任せ、経営に巻き込んでいくことが大事だと考えています。私は、このことを「丸投げ」という言葉をつかっているのですが、仕事を投げることによって社員は飛躍的に成長していき、幹部社員が次々と育っていきます。

職人などの職業は別ですが、基本的に同じ仕事ばかりしていては、人は成長していきません。新しい仕事にチャレンジしたり、部下を持ったりして、日々悩み、考えながら経験を積むことによって、自ら利益を生み出し、組織を動かしていく力が身についていきます。

当社の場合も、積極的に新規事業を部下に任せることよって、多くの優秀な幹部が育ってきました。

また、多角化によって事業が増えれば、適材適所を実現しやすくなります。どうしても人には向き不向き、得意不得意がありますから、なかには現在の部署でうまくいかず、くすぶっている社員も出てきます。そんなとき、複数の事業の柱があれば、配置転換の選択肢も増えます。

たとえば、住宅営業の仕事でくすぶっていたので介護事業の部署に異動させたら、イキイキと輝き始めた、といったケースも出てきます。

「企業は人なり」といいますが、企業の成長はいかに優秀な人材を育てるかにかかっています。多角化は、経営で最も重要な人材育成の面でも効果的なのです。

社員の採用や教育については、後でくわしく説明します。

④社長に余裕が生まれる

社長の仕事は、働く時間が長ければいいというものではありません。本来、成果で評価されるべきものです。したがって、社長は会社にとって重要な仕事に集中して取り組めるような環境をつくらなければなりません。

ときどき、なんでもかんでも自分でやらなければ気がすまないという社長がいますが、そのような会社の社長は、ビジネスプランや戦略、会社の仕組み、危機対応を考えるといった本来社長が取り組むべき仕事がおろそかになり、会社の成長がストップしてしまいます。また、なんでもかんでも社長が仕事を抱え込むと社員も育ちません。

さらに、日々の仕事に奔走していると、気持ちと時間に余裕がなくなり、正しい判断を下すこともできません。

社長は、本来いつでもフリーハンドであるべきです。

社長の自由になる時間が増えなければ、たとえ新しいビジネスのタネが舞い込んできても、迅速に対応することができない。場合によっては、忙しさを理由にスルーしてしまうこともあるでしょう。

私が多角化を積極的に進めてこられたのも、自由になる時間がたくさんあったからです。新規事業のにおいがする場所に出かけていき、多くの人と交流を持つことによって、多角化につながる情報や人と出会うことができるのです。

多角化すると、社長の仕事が増えるというイメージを持つかもしれません。しかし、多角化と同時に、経営という作業を分解して幹部を中心とした社員に分担してもらう仕組みを築けば、社長の仕事はどんどん減っていきます。私はこれを「システム経営」と呼んでいますが、幹部に仕事を任せる部分が大きくなるほど、社長はフリーに動けるようになります（システム経営については第3章で説明します）。

多角化を進めていけば、幹部が激しく成長していくので社長が経営の実務に忙殺されることはなくなります。多角化は、逆に社長の仕事をラクにするのです。

時間的余裕があれば、じっくりとビジネスプランや戦略を練ったりできますし、心にもゆとりが生まれます。何より、日々の仕事に忙殺されているようでは、楽しく経営ができません。

また、複数の幹部が育てば、いわゆる「番頭経営」から抜け出すこともできます。経営者を補佐し、実務面から企業を支える人のことを一般に「番頭」あるいは「右腕」などと呼びますが、番頭に頼り切った経営だと、いざこの番頭が辞めてしまったり、何かがあったりしたときに、社長が番頭の代わりに実務を取り仕切らなければなりません。そうなると、社長の本来の仕事がおろそかになり、会社も尻つぼみになってしまいます。

多角化を進めて多くの幹部を育成しておけば、いざというときも幹部に実務を兼任で任せながら、社長は自分の仕事に専念できます。

多角化にデメリットはない

そのほかにも、様々な事業を持つと、「グループ内に多様な能力や価値観を持つ人が集まる」といったメリットもあります。

たとえば、クリエイティブ系の仕事をする人と、営業の仕事をする人、総務人事系の人が同じグループ内に所属し、交流することによって、お互いに刺激を受けることになります。また、グループ全体の総合力もアップするので、あらゆる危機や環境変化に対応できます。

事業間のシナジー効果が生まれるのもメリットのひとつ。たとえば、当社の場合はジョンソンホームズという住宅会社が主力事業のひとつですが、関連する事業としてインテリアや飲食事業などもしています。ひとつの強いコアビジネスができたら、それに付随して周辺の多角化を行う。それによってお客様の多様なニーズに応えることができます。

ほかに、事業をグループとして束ねることによって、各事業でコストをシェアできるのもメリットです。たとえば、当社の場合、採用も事業毎ではなく、グループ会社が一括して行っているので、採用コストを大幅に削減できます。

このように、「多角化経営」には、経営が楽になるメリットがたくさんあります。

強いてデメリットをあげれば、それぞれの事業の重要案件は社長や幹部が集まって話し合い、コンセンサスを得てから進める仕組みにしているため、社長のトップダウン方式と比べれば、判断・実行までにいくぶん時間がかかるという点です。

それでも、トップダウン方式が「人材が育ちにくい」「社長の自由な時間が奪われる」ということを考慮すれば、むしろ多角化経営のほうがメリットは大きいといえます。

はっきりいって、多角化経営はいいことずくめなのです。

多角化をしないのが最大のリスク

まずは3本の柱を立てることを目標にしよう

すでに多角化を進めてきた社長であれば、ここまで述べてきたような多角化のメリットに共感していただけるのではないでしょうか。

これらのメリットを意識しながらさらに多角化を進めていけば、より安定感のある経営を実現することができ、経営者の仕事も楽しくなるでしょう。

これから多角化を始めようという社長であれば、まずは3本の柱を立てることを目標にすることをお勧めします。

「これはイケている」という事業が3つあれば、多角化のメリットを享受することができます。利益を出せる事業が10個ほどに増えれば、どんな不況やトラブルに襲われてもびくともしない会社になります。

多角化に少しでも興味を持たれたのであれば、本書を読み進めて、新規事業の立ち上げにチャレンジしてみてください。

多角化を始めるベストのタイミングとは？

「多角化に興味はあるが、本業で儲かって余裕ができてから始めようと思います」

このようにおっしゃる経営者がよくいらっしゃいます。

しかし、このような会社のほとんどは、実際に多角化を始めません。結局、本業の売上がますます落ち込んでしまい、多角化どころではなくなってしまいます。

なぜなら、ひとつの事業にこだわっているかぎりは、大きく儲けることはできないからです。大きく成長していく企業は、コアである事業で稼げているうちに、それに関連する周辺事業を立ち上げていきます。

また、事業や商売には成長曲線というものがあります。「導入期」→「成長期」→

「成熟期」→「衰退期」といった具合に推移し、成長期に大きく利益が伸び、成熟期にはピークに達します。

成熟期を過ぎれば、後は衰退していく一方です。そこからV字回復を成し遂げることは困難ですし、「現在の事業で盛り返してから多角化しよう」というのは現実的ではありません。

新規事業が軌道に乗るには早くても2～3年はかかるでしょうから、「成熟期」や「衰退期」に始めるようでは遅いのです。「導入期」や「成長期」の時期から、常に新規事業を模索していく。そんな姿勢が必要なのです。

もっといえば、新規事業に取り組むべきタイミングは、「これはイケる」というアイデアや事業に出会ったときです。

「チャンスの神様は前髪しかない」とよくいわれますが、目の前を通りすぎた後に後ろ髪を掴もうと思っても、チャンスを掴むことはできません。

魅力的な新規事業のアイデアに出会ったら、まずは始めてみることが大事なのです。それを「今はタイミングではない」と黙って見送っていたら、会社がジリ貧になっていくのを待つばかりです。

既存事業の収益が出ているうちに、どんな環境の変化にも対応できるように新しい事業の柱をつくっておきましょう。

失敗のリスクより、やらないリスクのほうが大きい

新規事業に躊躇する人は、失敗が怖いといいます。

しかし、そもそも一発必勝で新規事業を成功させるなど不可能です。ユニクロもソフトバンクも、日本を代表する成功企業のほとんどは、何かしらの失敗を繰り返しながら、成長を遂げてきたのです。

私自身、多角化経営で会社を大きくしてきた過程で、70個以上の失敗をしています。立ち上げから5年以内になくなった事業は、全体の半数を超えています。新規事業は数を打つことも大切なのです。

誤解を恐れずにいえば、新規事業はある意味「勢い」でやったほうがうまくいきます。考えれば考えるほど、リスクばかりが浮かび上がってきて、結局実行することができません。新規事業なのですから、リスクがあるのは当たり前です。

二の足を踏んでいるうちに、機会損失してしまえば、元も子もありません。やって失敗するリスクよりも、やらないリスクのほうが高いのです。

本気で「イケる」と思ったら、まずはやってみる。そのくらいのフットワークの良さがなければ、多角化はスタートできないでしょう。

もっといえば、どんな新規事業でも、スタート後必ず何らかの壁ができます。すべて順調にいくことはありません。私の経験から言えば、その壁を乗り越えられるかどうかが成否を分けます。その壁にぶち当たりもせずに、失敗することを恐れていれば、いつまでも成功を手にすることはできません。

私が経営していてよく感じるのは、「結果は時間差でやってくる」ということです。ほとんどの新規事業はうまくいきません。望んでいる成果はすぐには出ないけれど、我慢強く知恵を絞り続けていると、計画の倍くらいの時間が過ぎてから結果が出たりするものなのです。

だから、新規事業を思い立ったら、すぐにスタートする。早く結果を出すには、それ以外に方法はないのです。

そうはいっても、なんでもかんでも「勢い」でやるのは危険です。単なる思いつきや誰かから「この事業は儲かるよ」と勧められたのを鵜呑みにして始めれば失敗する可能性は高いでしょう。また、致命的な失敗は避けなければなりません。

だからこそ、新規事業を始めるときは、「経営計画書」を立てるのが不可欠です。経営計画書を書いて、客観的に新規事業を眺めてみる。売上予測や投資回収期間などを数字にしてみることで、現実的な判断ができます。さらに小さくスタートして、失敗しても取り返すことができる投資額にしましょう。

新規事業に失敗はつきもの

たとえ新規事業にチャレンジして失敗しても、その経験は必ず学びになり、別の機会で役に立ちます。

私も数多くの失敗をしてきましたが、それらが別の事業の糧となった経験がいくつもあります。

たとえば、当社で成功している例のひとつとして「インターデコハウスＦＣ」という輸入住宅を全国の工務店にフランチャイズ展開する事業があります。

その目的は、住宅建材のお得意様だった工務店とネットワークをつくり、輸入住宅のノウハウと資材やブランドをセットにして売ろう、ということだったのですが、そもそもこの発想自体は、何十年も前から持っていました。

したがって、「インターデコハウスFC」を立ち上げる前にも、2度同じような住宅グループ事業を立ち上げた過去があります。しかし、2回とも一定の成果はあったものの色々な理由で長くは続きませんでした。

それでもあきらめきれなかった私は、3度目の正直とばかりに「インターデコハウスFC」の立ち上げに挑戦しました。

といっても、意固地になっていたわけではなく、これまでの失敗の経験から、「これなら大丈夫」というビジネスモデルが見えたからです。

これまでの失敗の原因のひとつが「コスト高」にあると考えた私は、アメリカやカナダにかぎらず世界中から安くて良質な資材を調達したり、これまでフリープラン（自由設計）で建てていたものを、すでに設計されたパターンのなかから選べるようにすることによって、売値を3分の2まで下げることを実現しました。

もちろん、今回ばかりは失敗できないからと、全社的なサポート体制を敷いたほか、私も全国をまわって説明会を開催し、トップ営業をするなど力を入れていた甲斐もあって、「インターデコハウスＦＣ」は軌道に乗りました。この事業は、現在では「ジョンソンパートナーズ」と名前を変えて当社の大きな柱のひとつとなっています。

多角化をすれば当然、失敗の機会は多くなります。しかし、それは決してムダになることはなく、将来の成功や人材の成長につながるのです。

2 事例で見る「新規事業」のつくり方

THE CASES –
HOW TO START
A NEW BUSINESS

多角化には3つのパターンがある

既存の顧客に新しい価値をプラスした「アマゾン」

「多角化経営」を目指す経営者にとって、「どのような発想・プロセスで新規事業を立ち上げていくのか」は、関心のあるテーマではないでしょうか。

もちろん、ひとつひとつの新規事業の発想やプロセスはケースバイケースですが、多角化のパターンは、大きく分けて3つに分類できます。

左の「新規事業発想ワークシート」をご覧ください。これは多角化の方向性を表したマトリクスで、縦軸に「技術（ノウハウ）」、横軸に「市場（顧客）」を取り、それぞれ「既存」と「新規」に区分したものです。

マトリックスの左上、「現在の技術」「現在の市場」の部分が現在展開している事業

新規事業発想ワークシート

多角化の方向性

	現在の市場（顧客）	新しい市場（顧客）
現在の技術（ノウハウ）	市場浸透作戦	❷ 市場開拓戦略での多角化
新しい技術（ノウハウ）	❶ 商品開発戦略での多角化	❸ 異業種進出戦略での多角化

新規事業発想の具体的な手法

	現在の市場（顧客）	新しい市場（顧客）
現在の技術（ノウハウ）	・既存のノウハウ強みの発揮	・市場を限定する ・市場を他に求める ・川上、川下へ行く ・BtoB、BtoC へ変化
新しい技術（ノウハウ）	・何かをプラスする ・創造的に模倣する	・FC に加盟する ・代理権を取得する ・コラボレーションする

だとすると、多角化のパターンは、次の3つに分けられます。

❶商品開発戦略での多角化
❷市場開拓戦略での多角化
❸異業種進出戦略での多角化

❶商品開発戦略での多角化は、現在の事業に新しい技術（ノウハウ）を付け加えて、既存の顧客に新しい付加価値を提供するケースです。たとえば、オンライン通販のアマゾンは、最初はネット書店からスタートしましたが、そのうち家電やファッション、食品など商品ラインナップを拡充し、現在ではありとあらゆるものを販売しています。具体的な手法としては、「何かをプラスする」「創造的に模倣（マネ）をする」などが考えられます。

❷市場開拓戦略での多角化は、現在の事業をベースに、新しい市場を開拓するケースです。これまで企業向けに販売していた商品を一般消費者向けに販売するケースなどがこれに当てはまります。具体的な手法としては、「市場を限定する」「市場を他に

求める」「川上・川下へ進出する」「BtoB、あるいはBtoCに変化する」などがあります。

中小企業でも異業種進出はできる

❸異業種進出戦略での多角化は、これまでの事業とは関連のない異業種に進出するケースです。たとえば、居酒屋チェーンの和民が介護事業に進出したケースは、まさに異業種に進出した例です。（現在は損保ジャパンに事業譲渡）

具体的な手法としては、「フランチャイズに加盟する」「代理権を取得する」「M&Aを活用する」といったものが挙げられます。❶と❷が現在のコアとなる事業の関連ビジネスであるのに対して、❸は異業種に進出するため難易度が高いように感じるかもしれませんが、FCに加盟したり、代理権を取得したりするのは、それほど難しいことではありません。それゆえに中小企業でも、異業種進出は十分に選択肢となり得ます。ただし課題は多角化グループ全体のブランディング上、ビジネスの一貫性があるかどうかを考えたほうが良いかもしれません。

多角化戦略Ⅰ
現在の事業に新しい何かをプラスする

2000円のトートバックを買ったお客様に家を売る

ここからは、先ほど紹介した3つの多角化パターンに、当社がこれまで成功してきた事業を当てはめて説明していきます。これらの事例から「多角化はどのように行えばいいか」をイメージしていただけると思います。

❶商品開発戦略での多角化は、現在、自社が抱えている顧客に新しい商材を売ること。自社の顧客はすでに商材や企業について「感じがよい」「好きだ」と言ってくれているわけですから、期待を裏切らない新商材を開発して事業化すれば、成功する確率

は高いといえます。

多角化のアプローチとしては、最もオーソドックスで、難易度も低いといえます。このパターンの多角化を成功させるには、既存の事業に「何かをプラスする」という発想が重要です。

当社の事業の中では、「インゾーネ・デザインラボ」という事業が該当します。当社は、全国的に人気のあるインテリアショップのアクタスとコラボレーションして、「インゾーネ」というインテリアショップを札幌で2店舗経営しています。

2008年当時、札幌にはアクタスのような中高級路線のインテリアショップが存在しなかったこともあり、現在「インゾーネ」は札幌で人気トップクラスのライフスタイルショップとしての地位を確立しています。

この「インゾーネ」のお客様向けの新規事業として立ち上げたのが「インゾーネ・デザインラボ」というデザイン住宅の建築事業です。「インテリアショップが造る家」をコンセプトにしているとおり、インテリアショップに並んでいるオシャレな家具や雑貨に囲まれた暮らしを実現したい人向けの住宅を提供しています。「家×インテリア」を提案するのが特徴で、家そのものよりも、自分の感性に合った住空間に重きを置く若い世代に好評です。

これは、インテリショップの既存のお客様に、当社が得意とする住宅事業のノウハウをプラスした事業です。実際、インテリアショップを気に入って2000円のトートバッグを買ってくださったお客様が、次回来店したときには数十万円のソファーを購入し、最終的には、「インゾーネ・デザインラボ」の家を注文してくれた、というような驚きの事例が数件あります。

レンタル事業からイベント事業へ

もうひとつ既存事業に「何かをプラスした」例を紹介しましょう。

当社には、「アンカー」というイベントを手がける事業もあります。イベント関連会社は、音響なら音響、設営なら設営と専門化しているのが一般的ですが、「アンカー」はイベントの企画から看板サイン、野外テント、音響、イス等すべての会場の施工、管理、運営、撤去までワンストップで対応できるのが強みです。

しかし、「アンカー」がここまで成長を遂げるには、紆余曲折がありました。もともと家庭用品レンタルサービス大手のFC加盟が事業としてのスタートで、その後、企業向けにイベント機材のレンタルをする会社へと進化していきました。

そして、機材レンタル事業に当社が得意とする建築施工のノウハウをプラスすることによって生まれたのが、現在のイベント事業をワンストップで手がける「アンカー」という事業なのです。

すでにそれなりの売上を稼いでいる会社であれば、すでに顧客と市場が存在するはずです。その顧客が「何を求めているか?」「どうすればもっと喜んでもらえるか?」を考えることによって多角化のアイデアは生まれるのではないでしょうか。

他社の成功事例を創造的にマネする

❶商品開発戦略での多角化を、実践するには「創造的に模倣する」といった手法も効果的です。
創造的模倣とは、ドラッカーの著書に出てくる言葉で、「最初にイノベーションを行った他社の商品やサービスにひと工夫を加えて、自社オリジナルの商品・サービス

を普及させること」で、もっと簡単にいえば、「他社の成功事例をマネする」ということです。現在の事業をベースに、他社の成功事例を自分らしくマネして取り入れることによって、顧客に新しい価値を提供できるというわけです。

この創造的な模倣の結果生まれた事業が、マンションリノベーションを手がける「M＋」（エムプラス）です。

当社は、先ほど述べたように、「インゾーネ・ウィズ・アクタス」というインテリアショップを展開しています。しかも、札幌市の戸建て住宅建築の分野で第1位を誇るジョンソンホームズという住宅会社を運営しています。

それらの2つの既存事業をベースに、マンションリノベーションのノウハウを模倣し、付け加えたのが「M＋」なのです。

「M＋」のリノベーションの特徴は、中古のマンションを住む人の自由な発想で空間を創造でき、こだわりのインテリアも部屋と一緒に販売する点になります。たとえば、3LDKの間取りの部屋を1LDKの広々とした空間にリノベーションし、その空間に合った洗練された家具を同時購入できます。自分に合ったマンション暮らしをしたいという一人暮らしや2人暮らしのお客様に好評で、札幌のマンションリノベーションではトップクラスのシェアを誇っています。

「M＋」の場合、当社の既存事業にマンションリノベーションのノウハウをプラスして成功したわけですが、同様のリノベーションを行っている会社は、東京をはじめ全国にあります。３ＬＤＫの間取りを壊して１ＬＤＫにリノベーションするといったノウハウは、すでにほかの会社が手がけて成功していたものです。

こうしたノウハウは、すでにインターネット上でも情報がたくさん出ていたので、それらを参考にして、ヤマチ流にアレンジするのは、それほどむずかしくはありませんでした。

「マネの達人」になろう

「多角化」に成功している経営者は、他社の事業を自分流にアレンジすることに長けています。少しいい方は悪いかもしれませんが、「マネの達人」といえます。

私の会社には、全国から「事業の参考にしたい」という経営者が見学にいらっしゃいます。非常に熱心に視察し、質問をされて帰っていくのですが、半年後くらいには私の会社のビジネスモデルやサービス、社員教育のしかたなどを参考にして、その会社流にアレンジして成功している、ということがよくあります。

なかには、「山地社長、私の会社のビジネスモデルを教えましょうか」とおっしゃる経営者もいるほど。私からすれば、「うちのやり方を参考にしているのに……」と思うのですが、多角化で成功するには、それくらいの図々しさやフットワークが必要なのも事実です。

もちろん、商品やサービスをそのままマネするのは問題がありますし、芸もありませんが、自社の商品の参考になりそうなアイデアや、経営の問題を解決してくれそうな発想を積極的に取り入れて、自分流にアレンジする創造的模倣は、「多角化経営」を進めるうえで求められる姿勢といえるでしょう。

「この人はスゴイ」と思った人の講演会に行こう

テレビを見たり雑誌、書籍などを読んだりしていると、「この会社のやっていることは面白い」「あの経営者の発想は新規事業の参考になりそうだ」という情報に出合うことがあります。このようなときは、迷うことなく「体験する」ことをお勧めします。それが、多角化のタネになることも少なくありません。

「百聞は一見にしかず」という言葉には、実は続きがあります。「百見は一考にしかず。百考は一行にしかず」。つまり、聞くことよりも、見ることよりも、考えることよりも、行動（体験）することが大切だという教えです。だから、まずはその会社の商品を実際に買ってみたり、サービスを受けたりと、「体験」してみる。実際に行動をしてみると、聞いたり、見たり、頭のなかで考えたりしていただけではわからなかったことに気づいたり、新しい発想が生まれたりするものです。

私の場合、「この経営者は面白い！」「この会社の事業は参考になりそうだ！」と思ったら、インターネットで書籍が出版されていないかチェックし、出版されていたら、その書籍を購入します。そして、その会社の経営者やキーマンが講演会を開催していないかについても確認し、近々開催されるようであれば、すぐに申し込んで話を聞きにいきます。

テレビを見たり、本を読んだりしただけで、そのアイデアやノウハウを自社の事業に取り入れるのは、かなりの高等テクニックです。実際には、本人の話を直接聞いたり、質問をしたり、視察したり、「体験」することによって、アイデアが深掘りされて、自分流にアレンジすることが可能になるものです。

講演会に参加したら、熱心に話を聞き、質問をすることも大切ですが、「顔と名前を覚えてもらう」「仲良くなる」という段階まで踏み込めたら最高です。お互いに意見交換もできますし、将来的にはコラボレーションに発展する可能性もあります。

そのきっかけとして、たとえば講演をしている経営者の書籍を5冊くらいまとめて買ってみる。「素晴らしいお話だったので友人にも本を配りたい」と言ってもらえたら、講演しているほうはとてもうれしいですし、その人の名前を覚えるでしょう。「もっと教えたい」という気持ちにもなります。少なくとも私が講演する立場であれば、そう思います。書籍を出版していなかったら、講演者の会社が売っている商品やサービスを実際に購入してもいいでしょう。

懇親会には必ず参加する

講演会の後に懇親会があるなら、必ず参加するという心がけも必要です。「講演会で話だけ聞ければ十分、懇親会には出ない」という人もいますが、私は興味のある人の懇親会には必ず参加するようにしています。

そして、できるかぎり講演者の正面の席や隣の席をキープする。そうすれば、「私の業界の場合、どうしたらよいでしょうか？」など、より突っ込んだ質問もできます。お酒の席なので適当な返答をされる可能性もありますが、多角化の参考になるような話を聞けたり、その講演者との親交が深まったりと、メリットのほうが多いはずです。

講演会や懇親会は、参加するほうの心がけひとつで、コストパフォーマンスがぐんと高くなるのが大きな魅力です。通常、「この経営者に会いたい。教えてもらいたい」と思って、直接正面からアポイントメントを取ろうと思っても、「忙しいから」と断られるのが普通です。しかし、講演会であれば、たった数千円から数万円のコストで、様々な情報を仕入れ、人間関係を構築することができます。

他社の成功例を取り入れて多角化をうまく進めている経営者は、講演会や懇親会などの機会を情報収集の場、コラボレーションのきっかけの場としてうまく活用しています。また、異業種、もしくは同業種のネットワークに参加し、事業に活かすことも積極的に行っています。

懇親会やネットワークに参加する場合、自分のことや事業についても、丸裸になってオープンに話す姿勢が大切です。自分からは情報を出さずに、一方的に「聞き出してやろう」という姿勢の人とは、誰も交流を深めたいとは思いませんよね。自分から積極的に情報を発信する人のもとに、質の高い情報は集まってくるものです。

他の地域の成功例は狙い目

フットワークよく講演会に参加したり、会社見学に行ったりする方法は、特に地方の経営者にとってはチャンスでもあります。

「わざわざ北海道から来てくれたんですか」ということになれば、教えるほうは期待に応えたくなりますし、事業を展開する地域がバッティングせずライバルになる心配がなければ、惜しみなく情報を出してくれます。実際、他地域の成功事例を「創造的模倣」し、自社のエリアで似たような事業を展開してうまくいく例は少なくありません。

なお、少しレベルの高い方法になりますが、「この経営者は面白い！」と思ったら、自分で講演会を開催して、講師として呼ぶ方法もあります。謝礼をお支払いすれば、「イエス」といってもらえる可能性は高まりますし、経営者仲間を集めて謝礼を割り勘にすれば、それほど多額の予算も必要もありません。

何よりこの方法が素晴らしいのは、主催者の立場をつかって、特等席で講演者の話を聞ける点です。主催者であれば、懇親会などでも突っ込んだ話を聞けるチャンスがありますし、それをきっかけに交流が深まる可能性もあります。

多角化戦略Ⅱ
現在の事業をベースに新しい市場を開拓する

市場を切り分ける

❷市場開拓戦略での多角化は、現在の事業をベースに、新しい市場を開拓することをいいます。自社の得意な商材・サービスを新しいお客様に売る、というアプローチです。

具体的な手法としては、次の4つが考えられます。

1. 市場を切り分ける
2. 市場を他に求める

3. 川上・川下へ進出する

4. BtoB、あるいはBtoCに変化する

当社の実際の多角化事例を紹介しながら、それぞれを説明していきましょう。

まず「市場を限定する」というのは、既存事業が展開している市場（顧客層）を細分化して切り分けることによって、新しい市場を生み出す手法です。

当社では、先ほど述べたように「ジョンソンホームズ」という住宅会社を運営しています。ジョンソンホームズは、アメリカやヨーロッパの輸入住宅の販売からスタートした会社ですが、現在では多様化するお客様のニーズに合わせて、コンセプトの異なる7つの個性的なブランドを展開しています。

そのひとつが、バイクや車、アウトドアライフを楽しむためのガレージがある家を提供する「アメカジ工務店」です。「オトコの秘密基地」をコンセプトしている同事業の家は、趣味を楽しみたいという男性の心を掴み、どこにもないオンリーワンのブランドの座を確立しています。

自分サイズのコンパクトな家を提供する「ＣＯＺＹ」も住宅市場を切り分けたこと

によって生まれたブランドのひとつです。現在ではフランチャイズ化され、着々と建築棟数も増えています。

「ＣＯＺＹ」のコンセプトは、「家は、シンプルでいい」です。最近では家に対する価値観も多様化していて、高額のローンに苦しむくらいであれば、家にかける金額を抑えて、趣味や暮らしを豊かにすることにお金をつかいたいという層も増えています。

そうした人に向けて、価格も広さも無理をしない、それでいて品質や機能も十分に満たしている「自分サイズの家」を提案し、多くの共感を集めています。

自社の事業を切り分けて考えてみることで、新しい顧客のニーズと多角化のアイデアが生まれてくるのです。

市場を他に求める

現在の事業が持っているノウハウをベースに、新しい顧客を他の市場に求めるのも多角化戦略のひとつです。当社の事業のなかでいえば、フランチャイズのノウハウを活かして、他の市場に展開した例があてはまります。

そのひとつが機能訓練型のデイサービス事業「きたえるーむ」です。「きたえるーむ」は短時間制（3時間）のデイサービス施設で、体に負担の少ないマシントレーニング、ウォーキングマシンや平行棒を使用した歩行訓練、1対1のストレッチなど、身体機能の維持・回復を目的とした機能訓練プログラムを提供しています。介護状態になることを予防し、自立した生活を送りたいと願う高齢者の方々から支持されています。事業をスタートした当初、このようなコンセプトで短時間制のデイサービスを展開している会社があまりなかったこともあり、事業は急成長。

特に、お客様に好評なのが、医学的な見地から人体の仕組みについて学んだ国家資格保持者「柔道整復師」によるマッサージやストレッチを受けられる点。マッサージによって痛みやしびれをコントロールしながら機能訓練に取り組めます。「訓練するだけでは辛い」というお客様から好評をいただいています。

実は、最近ライバル業者も進出してきているのですが、「マッサージ」「ストレッチ」という差別化要素が効いていることもあり、直営店とフランチャイズの施設を含めて全国に約120拠点以上を展開するほどに成長しています。

既存ノウハウ×新サービス

デイサービス事業は、当社にとってまったく新しい市場だったにもかかわらず、このように短期間で全国的に「きたえるーむ」を拡大できたのは、当社がフランチャイズのノウハウを持っていたからです。先述したようにお得意様である工務店向けに輸入住宅販売のフランチャイズを成功させていました。

「きたえるーむ」も、もともとはお得意先の工務店に多角化の柱を提供したいという発想から生まれた事業ですが、住宅販売のフランチャイズで培ったノウハウが十分に活かされる結果となりました。

もっとシンプルなケースでは、拠点となるエリアから他の市場に展開する、外国の市場に打って出る、Eコマースで販路を拡大するといったことも、市場を新しくつくる方法です。

既存のノウハウや自社の強みを発揮できる市場が他にないか、常にアンテナを張っておくことで、多角化のアイデアは生まれてきます。

川上・川下へ進出する

❷市場開拓戦略の3つめは、ビジネスプロセスの川上・川下に進出する方法です。メーカーが小売りや卸売りを始めるために新事業を立ち上げるケースや、小売業がメーカーに進出する事業を立ち上げるケースなどが、これに該当します。

当社も建材の卸売業からスタートしましたが、多角化によって川下である住宅会社を立ち上げて現在に至っています。

当社の事業のなかでは、「ｂｌｏｃｃｏ」（ブロッコ）というソファーのオリジナルブランドが、川下に展開して成功しています。ブロッコは、当社がM&Aをしてグループ合流した沼田椅子製作所が設立したブランドです。沼田椅子製作所創業は昭和28年という椅子の老舗メーカーで、創業以来ソファーの製造一筋にこだわり、職人技ともいえるその技術は高い評価を受けていました。M&Aをする前は、ずっとソファを家具店に卸していましたが、ブロッコを設立して、初めて小売りに挑戦しています。

ブロッコの最大の特徴は、品質や丁寧な仕上げはもちろんですが、サイズやクッションの固さ、デザインをフルオーダーできることです。つかう人の体型に合った座り心地まで追求してつくられるソファーは、とても注目されています。

BtoB、BtoCに変化する

企業を相手に商売をするBtoBの企業であれば、一般ユーザーを相手にビジネスをするBtoCに挑戦してみる。逆に、BtoCの企業が、BtoBに変化してみる。そうすることによって、これまでとは異なる顧客を相手にした新規事業を立ち上げることができます。当社の事業では、先ほど紹介した「きたえるーむ」が当てはまります。これは「市場を他に求める」というケースでしたが、最初に直営店として運営していたデイサービス施設の運営ノウハウを、パッケージ化して企業相手にフランチャイズ展開したという意味では、BtoCの事業を、BtoBに転換した例といえます。

BtoB、BtoCに新しい市場を求めることができれば、これまでとはまったく異なる顧客に商品・サービスを売ることができ、ビジネスを大きく拡大するチャンスになります。常にアンテナを張って模索しておくことが大切でしょう。

多角化戦略Ⅲ 異業種に展開する

多角化のパターンとして最後に取り上げるのが、「異業種進出戦略」です。これは、これまでの事業とは関連のない異業種に進出するケースです。

具体的な次のような手法が挙げられます。

1. ＦＣ（フランチャイズ）に加盟する
2. 代理権を取得する
3. Ｍ＆Ａの活用

多角化でオーソドックスなのは、既存事業と関連する周辺事業で新しいビジネスを立ち上げることです。つまり、「商品開発戦略」での多角化と「市場開拓戦略」での多角化をベースに考えるのが王道です。

当然、既存事業に関連しているほうが、すでにノウハウを持っていますし、市場も見えやすい。シナジー効果も期待できます。

したがって、多角化をこれから始めようという会社の場合は、特に商品開発戦略と市場開拓戦略から多角化を考えたほうが無難です。

しかし、異業種進出戦略もやり方次第で、多角化を加速する有効な手段となるので、多角化の選択肢として候補に入れておくべきです。

1. フランチャイズ活用、代理店になる

新規事業戦略として、一番早くできるのが、他社の成功ビジネスモデルパッケージを買うことです。フランチャイズシステムは、コンビニや外食チェーンに代表されるビジネスの仕組みで、本部企業が成功したビジネスの営業エリア、ブランド、理念、運営マニュアル、開業前指導、などのビジネスモデルを一式購入し、自社の強い地域もしくは、これから攻めたい地域で事業を開始するものです。これがフランチャイズ

加盟です。

加盟店は、毎月本部にロイヤリティーを一定額、もしくは売り上げの一定比率を支払いますが、売上高に対し営業利益10％前後が残るように設計されています。たとえば年商1億円のビジネスなら1000万円の営業利益、年商5000万なら500万円の営業利益となるのです。

もちろん利益が保証されるものではありませんが、加盟店の頑張り具合で営業利益率は上下します。

たとえば近隣で5店舗やるとすると、それぞれ5000万円、2500万円の利益が出る事業の柱となります。

成功パッケージ、時間を買う感覚

商品供給、本部スーパーバイザーによるタイムリーな情報提供や現場指導、統一販促キャンペーン企画や従業員教育などを受けることで、安定して業績を確保できます。プラス、加盟店の人材も成長し既存の他事業への人材供給にもなり、洗練された本部の経営システムに乗っかることで、自社の経営も次第に洗練されてくるという副次的メリットも大きい。

本部が実験して成功したパターンを買うので、自社で新規事業開発するより明らかに早いし収益も確実です。加盟した事業の複数エリア展開で事業拡大したり、多くの他のフランチャイズに加盟し成功し上場するという、メガフランチャイジーも多く存在しています。

レストラン、コーヒーショップ、ファストフード、コンビニ、学習塾、幼児教育、通所介護、不動産、住宅、居酒屋、パン屋、整骨院、ホテルなど地域密着の箱もの産業、B to Cのサービス業が多いようです。本部企業は時間と財務の関係で直営店ばかり増やせないので、現地に強い企業とコラボするのです。

歴史ある大手フランチャイズは、営業エリアがすでに埋まっていて、加盟できないことも多く、地元にないフランチャイズを展開するには、他社より情報をいち早く知り、検討しなくてはいけません。お勧めは毎年3月に東京ビックサイトで行われているフランチャイズショーを見に行き、興味のある事業モデルの出展ブースで話を聞くことです。

ただし、一社の話を聞いてすぐ決めるのではなく本部企業の信用や体力、加盟店実績、いくら稼げるかの収益構造、何年で元を取るかの投資回収年数、従業員の採用の難易度などを数社比較することです。さらに本業とのシナジーや幹部社員の理解、場合により金融機関、顧問コンサルタント等のアドバイスをあおぐなどの作業も大切です。そして加盟決断は、本部の社長や事業トップとの相性も踏まえて、社長がすべきものです。

わが社は過去5個のFCに加盟した

私自身、過去家庭用品レンタルFC、建築特殊工法FC、住宅リフォーム事業FC、注文住宅FC、学童アフタースクールFCなど5個のFCに加盟した経験があります。一番古い経験のレンタルFCに加盟したとき、マニュアルの多さ、新卒新人でも堂々とスーパーバイジングする仕組みのすごさに感動して、既存事業に諸々水平展開した記憶があり、おかげで会社の仕組みが随分と洗練されたように思います。

フランチャイズに慣れてくると、フランチャイズ本部を経営して一気にスケールすることもできるようになります。現在ヤマチユナイテッドは、ジョンソンパートナーズという注文住宅の4ブランドのフランチャイズ本部、きたえるーむという通所介護のフランチャイズ本部を経営していて、今後も本部事業を増やす予定です。逆にいうと地域密着消費者向けビジネスを立ち上げる時は、成功したらパッケージ化してＦＣ本部事業を行う前提で行っています。

ＦＣ事業ネタを先進国であるアメリカで探すこともできます。アメリカ各地で行われているフランチャイズショーに視察し、日本化しオリジナルとしてやるのもよし、ライセンス契約交渉して日本でサブ本部を行うという手もあります。たとえばアメリカ西海岸の繁盛店を口説いて、直営店やフランチャイズシステムにするというパワープレイも可能です。

成功パッケージを買うそれがフランチャイジー

成功パッケージを売るそれがフランチャイザー

どちらも非常に合理的な仕組みであり、ぜひトライすることをお勧めします。

2. 商品やサービスの代理店になる

代理店になって事業拡大する方法があります。そもそも当社は、たった1社の建築資材の北海道の代理店として父が5人で創業したものでした。私が入社したときは代理店として認めてくれているメーカーは十数社、従業員も30人ほどでした。物販のBtoB代理店の良さは売上高を〝稼げる〟ことです。ある意味年商という企業の信用に貢献します。

中間商社は粗利益率が低くなりがちです。しかし有力な顧客販売チャネルを持つと、仕入れ先、メーカーから取り扱い打診が向こうからやってくるようになります。場合によっては、得意先販路まで作ってから代理店になりませんかというオファーさえもあるのです。いわゆるお土産つき新規開拓ですね。

代理店制度は、フランチャイズシステムとの違いは、販路やエリアが比較的広い、企業向けの商品サービスが中心です。注意すべきは、取引の中間に入って口利きだけで利ザヤを稼ぐというブローカービジネスをしないことです。まともな価値提供をしないビジネスは利益率が低いか、そのうち切られることになります。売り上げは大きいが利益が薄い商材には手を出さないことです。

粗利益率ミックスという考え方

ヤマチユナイテッドでは建築資材や完成品家具、造作家具などの代理店をしています。売上高は大きいですが、粗利益率は高くありません。

セミナー、コンサル事業、フランチャイズ本部事業、イベント事業、介護事業、飲食事業は粗利益率は高いですが、マンパワーが必要で売り上げは跳ねません。

注文住宅や分譲住宅事業、リフォーム、リノベ事業、インテリアショップ事業の売り上げはそこそこで、粗利益率も中間です。

私は、多角化ビジネスは業種、業態ミックスであると同時に、粗利益ミックスが重要だと考えていて、企業ステージに合わせて低粗利率、中粗利率、高粗利率を組み合わせるようにしています。コンサルだけでは売り上げが小さいので物販をミックスするというように。そうするとノウハウ蓄積と変化対応が容易になるのです。

輸入ビジネスでメーカー化する

代理店ビジネスで面白いのは、海外のメーカー商品の代理店になることです。外国メーカーの商品の日本総代理店になれば、価格決定権を持つメーカーになるのです。仕入れ価格に運賃などを載せて3～5倍、場合によれば10倍の上代を設定し、BtoBに卸価格で販売するのがポイントです。BtoCでしか売れないものを仕入れると、売り上げが稼げません。

仕入れ先開拓は、WEBではなく直接外国の展示会に行くことです。中国の広州交易会、ドイツやフランス、イタリア、そしてアメリカの展示会には、代理店を探すメーカーが山のように出展しています。一か所少なくても3日間滞在し、広大な展示会をくまなく視察し気に入ったメーカーと商談するのです。ワクワクしませんか。

英語が少し話せるなら好都合で、話せない場合は現地の日本人アルバイトを事前にネットで予約しておいて安価に済ませましょう。初回購入ロットが大きいとリスクがあるので、サンプルオーダーといって、その場でカード決済するとよいでしょう。物流は関税手続きも含め日本通運などに事前に確認しておきましょう。貿易は意外に簡単です。

ヤマチユナイテッドは、世界中から建材を輸入しています。屋根材、外壁材、地盤材、内装材などの多くの種類を現地で見て、交渉して、実績を作り、日本総代理店になる。場合によっては自社ブランドでネーミングしてパッケージしてもらうと完全に当社はメーカーポジションになります。当社イベント事業部では、ドイツの世界一の大型テントメーカーの代理店になり、インテリア事業では中国のメーカーに家具をOEM生産してもらっています。これも展示会で知り合ったメーカーとの付き合いです。以前私は北米、欧州、中国に商品発掘、調達の旅に何度も出ていました。海外好きの私にはこんなに楽しくてよいのかと思うほど充実していたのです。

3. M&Aで会社や事業を購入し拡大する

会社を購入して事業拡大するのは大企業ばかりではなく、中小企業や個人にまでおりてきています。以前は会社を売ったり買ったりすることのイメージはあまり良くありませんでしたが、今はだいぶ抵抗がなくなってきました。あと数年もしたら中小企業の事業拡大の当たり前の戦略になるでしょう。

会社を売る理由は、あくまで専門家の肌感覚を聞いたものですが、後継者不在30％、財務問題30％、その他諸々含めて経営戦略の見直し、たとえば事業エリアの整理、事業分野の整理などが40％。国家の問題として、法人数減少と製造業のノウハウ承継問題対策としてM＆A助成金があるほどです。

経営者が高齢などの理由でデジタル化が遅れている中小企業は、新しいオーナーのもとでの生産性アップは簡単でしょう。WEBに疎い中小企業はM＆Aにより新オーナーのもと、Eコマースで飛躍するかもしれません。ゼロからの起業より早く立ち上がるので、資金のめどさえつけばサラリーマンが企業買収するケースも多いと聞きます。

会社の購入価格は100万円、500万円、1000万円、2000万円など意外に安い場合もあります。このようなものをスモールM＆Aといって、仲介手数料が安くて儲からないので大手のM＆A仲介会社は手を出さない領域です。だから大手仲介会社に頼んでも情報はありません。ではどうしたらよいでしょう。

M&Aを断られて、M&Aポータルサイトを始めた

実践塾OBのアスク工業の高橋社長は、長野県で部品メーカー、健康食品ネット販売、カフェなどを多角的に事業をしており、事業拡大のために小規模メーカーなどのM&A案件情報を大手M&A仲介会社に頼んだが相手にされず、それなら自分でやろうと考え、中小企業専門M&A情報サイトTRANBI（トランビ）を東京で立ち上げ成功しています。

TRANBIには常時2000件以上のM&A案件が公開され、8200人以上のユーザーがいます（2021年5月現在）。いわば会社のオンラインショップです。最近では中国の製造メーカーをM&Aし、中国進出を果たしました。これから中国で多角化路線に力を入れるそうです。

余談ですが、無料で閲覧できる売り情報を、夜にビールを飲みながら妄想する人も多いそうです。自分なら社長になってこうする、既存事業とのシナジーをどう組むか、などと考えるのは大変愉快ではないでしょうか。

スモールM&Aは売り物件に対して10社以上が興味を示す時代

高橋社長によると今は売り物件一社に対して10社以上のオファーが当たり前だそうです。売り案件には2つ種類があって、企業再生型と黒字型があります。安いからといって再生型を買うと、どんなに経営力があっても再生するには時間と労力がかかります。多少価格が高くても収益トントンか黒字企業を買ったほうが、当たり前ですが楽に経営ができます。

情報サイト以外にも経営者ネットワーク、銀行、経営コンサルタントなどに情報が集まります。会うたびに情報がないかと聞くようにするとよいでしょう。数社と競合になっても最初にコンタクトした者に分があるようだからです。

フランチャイズ加盟店のM&Aという選択肢

フランチャイズに加盟して事業している会社をM&Aをする手があります。中小企業は経営の仕組み化ができていなくて、購入後苦労することがあります。フランチャイズ加盟会社は本部の仕組みで経営しているので、オーナーが変わってもそのまま業績を維持しやすいのです。

フランチャイズ本部には、たまに加盟店から黒字だが諸事情で脱会したいという申し出があります。そんな時は近場の加盟店や周辺の企業でM&A希望者を探すことになります。マッチングがうまくいけば、その会社の顧客、仕入れ先、社員、FC本部など皆が丸く収まるのです。そのような情報を入手するには、あらかじめフランチャイズ本部に、そのようなことがある時は知らせてくださいと伝えておくとよいでしょう。設備投資など減価償却が進んだ案件は投下資本が少なくて済むかもしれません。

一度M&Aが成功すると止まりません

実践塾OB企業で、印刷業でスタートしたアサプリホールディングス松岡社長は、同業会社に頼まれてM&Aする機会があり、成功したので次々と同業者や関連川上、川下産業など10社ほどM&Aをして規模を急拡大しました。シナジーで既存事業の生産性アップ、有望事業へ事業転換にも成功し、さらにご子息たちで担当会社を分担するなど、自社の事業承継対策にも成功しています。

同業社の会合で、後継者がいなそうな社長に冗談のようにいつも声をかけておいて、実現させた猛者もいます。経営意欲がなくなるときは、業績不振、自分の気力、体力の衰え、そして後継者がいない時です。いずれにしても自分だけでは明るい未来を創れないと気付いた時に会社を譲渡したくなるのです。

経験を積むとノウハウが蓄積してきて成功確率もぐっと上がるし、M＆Aをした会社の経営の苦労も減るので、経験する意味でも小さいM＆Aを試してみるのもよいのではないでしょうか。

私のM&A経験

私自身は、アメリカの会社、親戚の会社、地元のメーカー、得意先の事業譲渡など4件のM＆Aをしました。一件目の事例のアメリカの会社とは、日本向け輸出会社で、当社はそこで建築資材をコンテナに混載して輸入していました。その米国の会社の経営状況が悪くなり当社が救済M＆Aをしたが対策が実らず、米国人社長ともうまくいかなくなり会社を閉じることになったのです。こちらの力が及ばない遠隔地の救済M＆Aはなるべく避けたほうがよいようです。

全社員退社のクーデター

2件目の事例、私の親戚の建築会社は社長が高齢なうえ、役員と社員全員に会社乗っ取りのクーデターを起されている状況の、急な救済M&Aでした。私が会社に乗り込み全社員面談をしましたが、社員の80%ほどが退社してしまいました。行き掛り上、私が株式を取得して子会社化し、新規の社員採用しながらの再構築でした。しかし私一人の力ではなかなか復活せず、結局プランBとして用意していた、自社グループ企業に事業譲渡と社員を移動し、その会社を休眠会社にしました。

事業譲渡をうけた、ジョンソンホームズは2×4輸入住宅専門のニッチトップ企業ではありましたが、顧客を絞っていたため札幌での住宅建築シェアはそのころ20位〜30位でした。M&Aで人材や他の工法ノウハウを譲渡された結果、住宅商品開発が進みマルチブランド戦略で成功することになりました。マルチブランド戦略とは、顧客のライフスタイル指向別の5ブランドをまるで別会社のように運営することで、幅広い顧客に支持されるというものです。

おかげで業績は順調に伸びて、ジョンソンホームズは2020年度札幌市建築戸数実績ナンバーワンのハウスメーカーにまで成長したのです。あの時の救済M&Aを決断し、グループシナジーを意識したことで現在の成功があるのです。

家具ビジネスのM&A

3件目の事例は、以前から面識のある地元の経営コンサルタントの情報で、地元の老舗家具製造販売メーカーのM&Aの案件が来ました。当社グループにも家具製造会社があるので、将来の経営統合も視野に入れながら決断しました。そのポイントは、①自社所有の大きな工場があること、②高品質な商品を製造していたこと、③販売不振ではあるが、問題は販売チャンネル不足であること、④最近始めたばかりのEコマースに手ごたえを感じたことです。

現在は既存グループ会社と一部経営統合し、追加投資を積極的に行った結果、工場直販オーダーソファー専門店Bloccoは、東京南青山に出店するなど着実に育ってきています。

グループ内組織再編

厳密にはM&Aではなく、組織再編と言うようですが、自社グループ内で活発に事業譲渡、会社譲渡をしています。

50もの事業をしていると、時代に合わなくなったり、諸事情でダメになる事業もあります。社員や事業ごと他のグループに移したほうがシナジーを活かせると判断したら実行します。また、将来の見込みがなければ事業撤退を躊躇なくおこないます。

たとえばグループ内に業績不振で、債務超過に陥った、資本金2000万円の会社があるとします。事業に見切りをつけて休眠もしくは、整理すると、ただの損切で資本は無駄になってしまいます。そこで株価ゼロのこの企業を1円で購入し、利益が確実に出る見込みの事業をやると、2000万円まで利益を出しても法人所得税がかからず資本効率がよくなります。多角化経営していると、このようなやり繰りがしやすいのです。

M&Aの落とし穴

さて、M&Aは事業拡大の有効手段ではありますが、失敗の事例も多くあります。たいがいは人の問題です。新オーナーが改革を急ぐあまり、キーマン社員がついていけずやめてしまうのです。そのため改革は急がずゆっくりと見守ろうとよく言われます。こんな時は当社の、全員が経営に参加する「システム経営」が効果的なのです。社員みんなとしっかり面談、傾聴し、会社をよくするテーマを一緒に選んで、みんなで時間をかけて改革をしていく。これをていねいに行えば組織が崩壊することはありません。自分たちのやり方を早急に押し付けるから嫌になって会社をやめてしまうのです。注意しましょう。

新規事業アイデアを出す9つの質問

他にも新規事業を考えるときに役立つフレームワークがあります。先ほどの3つのパターンの説明と、当社事例がいくつもかぶりますが、それぞれの質問を自分に投げかけてみてください。きっとアイデアが出ると思います。

❶サービスの掛け算「何を掛け算すると面白くなるだろうか」

違う分野の商品やサービスを掛け合わせて新しいビジネスを生み出すことで、王道とも言えます。

当社の事例 1

注文住宅×家具インテリア×インテリアコーディネート×ライフスタイルクラブの

4つの掛け算で成功している住宅ブランドがあります。「インゾーネデザインラボ」という名前ですが、住宅のプランニングの段階で、当社のスタッフが、家具インテリアの提案を同時に行いトータル予算にも組み込んでしまっています。おしゃれな空間にあこがれていても自分たちだけのチョイスではなかなか素敵にならないものです。それを解決するニーズつまりインテリアと家を同時に提案するハウスメーカーはありませんので競合がありません。

さらにお客様が住み始めてからの楽しさのために、会社でジョンソンライフスタイルクラブというのをやっていて毎週ホビー教室や、生活に役立つ勉強会などを提供しています。たとえばDIYテーブルつくり、インテリアランプ制作、キャンドル制作、親子ヨガ教室、写真撮影教室、農家が教える味噌づくり体験、サボテンの寄せ植え作り、フラワーアレンジメントづくり、整理収納教室その他書ききれません。

家を建てていただいたオーナーさん向けに無料で開催しています。この注文住宅×家具インテリア×インテリアコーディネート×ライフスタイルクラブの組み合わせが大人気ブランドの秘密なのです。

当社の事例 2

さらに「ナチュリエ」という注文住宅ブランドは、自然素材注文住宅×アウトドアライフ×スノーピーク×家具インテリアという組み合わせで成功しました。

また、「アメカジ工務店」というブランドでは、アメリカンテイスト住宅×ガレージ×バイクや車のガレージライフという組み合わせで売り上げを伸ばしています。

❷タイムマシン発想「旅行に行った時、日本にあったらいいなと思ったことは」

アメリカなどで成功しているビジネスモデルや商品、サービスをそのまま、もしくはアレンジして日本市場、ローカル市場に導入すること。

当社の事例 1

私が初めて起業した会社ジョンソンホームズは、今では様々なライフスタイルやニーズに合わせて多角化したマルチブランド戦略で札幌ナンバーワンのハウスメーカーになりましたが、1987年創業したときは、アメリカ直輸入住宅というコンセプトで、ほとんどの材料、デザインや工法、雰囲気、間取りなどアメリカの住宅だけにこだわって建築していました。

毎年何度もアメリカに行き、資材の仕入れだけでなくライフスタイルを体験し、紹介して間取りに反映してきました。おかげで業界での強烈なポジショニングが出来ました。

当社の事例２

最近開始したフードビジネスがあります。ジョンソンバーガーというプレミアムハンバーガー専門レストランです。アメリカに行くとファストフードのバーガーとは別に、レストランではナイフとフォークで食べる15〜20ドルのハンバーガーを食べた方も多いと思います。肉の質やボリュームがファストフードとは違って、とてもおいしいのですが、日本ではそれほどポピュラーではありません。

私はアメリカによく行くようになって30年、いつかやりたいと考えていたのですが、札幌駅直結の「ステラプレイス」という人気商業施設の3階という、最高の立地に空きが出て出店をしました。長いタイムマシンですね。

❸中間プロセスの排除 「我が業界でカットすべき中間はどこか」

いわゆる中抜き戦略です。日本の商流はとても長く、少ない利益を分け合っている業界も多い。省略すれば儲かるのがわかっているが、既得権者が強くて破壊するのはなかなかむずかしい。しかしいずれ中間排除されるのは時間の問題です。自分がやるか他社が先にやるかです。もしソフトにやるには、別会社をつくりそっとスタートするか、すでにやっている会社をM&Aするとよいでしょう。

当社の事例 1

当社のスタート事業は建材の問屋ですが、流通経路はメーカー→総合商社→問屋(当社)→建材販売店→工務店と長いものでした。1980年代、高度成長が終わり、問屋の役目は終わろうとしていました。そこで川上、川下の両方に向かうことを決意、特に川上作戦として、アメリカのメーカーの代理店になりアメリカの建築資材の直輸入ビジネスに進出しました。

アメリカ各地で行われている見本市に出かけて行って、気に入った商品メーカーと商談するというワクワクする仕事です。価格は自社で決められるので、1個上の総合商社のポジションどころか、2個上のメーカーのポジションになるのです。川下の販売店さんが衰退したこともあり、流通が短くなりましたが、当社はいち早く行って成功しました。

当社の事例2

製造から直接消費者に販売するD to Cこれも中間排除ビジネス。ものを作っている会社は、考えたほうがよいでしょう。当社の事例として、ヤマチ工芸社というソファーのOEM工場を昔からやっていました。大手インテリアショップのオリジナルソファーを安くつくりまとめて販売するビジネスモデルです。

一番の問題は価格を自分で決められないことです。そこでD to Cビジネス（Eコマース）を立ち上げたばかりの企業をM&Aして数年後、利益の出ないOEM工場ビジネスからほとんど撤退し、事業転換を果たしました。

❹ビジネスモデルを分解し特化「バラバラにして一番面白い部分はどこか」

効率の悪くなった既存のビジネスを分解してみて、シンプルなビジネスモデルにする。過去の延長で問題意識なくやっているビジネスもよく分析してみると、自社モデルはもちろん異業種のモデルでも1個だけ切り出すと、劇的に効率が上がるパーツがあります。そこに特化してみるのはどうでしょうか。

当社の事例 1

リハビリ専門通所介護事業「きたえるーむ」。デイサービスにはいろいろなビジネスモデルがありましたが、当社がシニアビジネスに進出するにあたり考えたのは、デイサービスの機能をバラバラに分解して、健康寿命を延ばす運動に特化した送迎付きの介護事業です。機能回復に特化したことで、ノウハウの蓄積ができ、直営店FC店含めて120店以上の組織を構築することになりました。

当社の事例２

オーダーソファー専門店「ｂｌｏｃｃｏ」。もともとはソファー専門メーカーでしたが、さらに絞り、注文を受けてからつくるというメーカー直販型オーダー専門店になりました。専門化したことで、「フィッティングＬＡＢＯ」という店舗パッケージに数本の見本を置くだけでよい省スペース、省在庫のビジネスモデルになりました。

Ｅコマースで試したのち、現在札幌に２店、石狩１店、東京青山、三鷹の５店舗になり目下成長中です。

❺総合化、周辺のバラバラの要素をひとつにする「どうすればお客が楽になるか」

ビジネスや情報をひとつにまとめると新しいビジネスになります。ニュースをまとめるポータルサイトなどが代表ですが、編集力が個性的であると、とても強いビジネスモデルになります。サービスの掛け算に似ていますが、周辺ニーズの総合化、まとめ、考えるとよいでしょう。

当社の事例１

イベント事業会社アンカー。もともとは家庭用品のレンタル会社で、旅行スーツケース、ビデオカメラなどをレンタルしていましたが、ニーズがなくなり、イベント用にテント、テーブル、イス、お祭り用品などのレンタルにシフトし成功しました。あるとき、顧客のニーズが機材を安く便利にレンタルしたいのではなく、イベント自体を楽に成功させたいということに気づき、今まで分割して発注されていた、イベントの企画、機材のレンタル、看板やサインの制作、ステージや仮設の制作、各種設営、警備、当日の運営管理、機材撤去主催者への報告などをワンストップでやれる体制にました。以来イベント総合企業としての地位を確立したのでした。

当社の事例２

10年ほど前から、５０００家族以上いるオーナー様対象に始めた、暮らしを楽しくするワークショップ「ジョンソンライフスタイルクラブ」やYouTubeの「ジョンソン暮らしチャンネル」はコンテンツが数多くたまってきており、いろいろな事業とのコラボでビジネスモデル化が期待されています。これも総合化のアイデアです。

❻ハイエンド、ローエンド化「二極化したときわが社らしいのはどちらの味方か」

所得格差、資産格差が広がり、新商品対象をどちらかに振るほうがよい時代になっています。ハイエンド人口が多い首都圏や海外都市ではハイエンド化が活発です。ただし経営トップがハイエンドライフを知らないと、うまくいかなかったり、背伸びしてつらくなることがあります。私の住む地元は合理的でローエンドが好まれる傾向にあります。ニトリ、ツルハ、DCMホーマックなど大衆むけ流通業の大手が育ったのはローエンド市場に対応したからだと思われます。無駄な機能を省いた合理的商品イケアや無印良品もそうでしょう。

当社の事例1

ヨーロッパデザインのインターデコハウス事業。アメリカ輸入住宅専門のジョンソンホームズは、1998年の金融危機で高級輸入住宅需要が蒸発してしまい急に経営危機になりました。その時の危機回避戦略としてハイエンドからローエンドに急転換したのです。住宅価格を半分にして、品質は逆にアップしました。

価格を半分にできた秘密は、一年かけて建築資材を高単価のアメリカをやめ、世界中のローコストハイデザイン建材を発掘したこと、さらに数百通りのデザイン間取りを制作し、設計、発注、現場管理の作業を省力化。そして住宅設備などの仕様は、照明器具やカーテンまでをこみこみ価格でパッケージ化しました。

これで市場を一気に取ったのです（今は価格も上がりローエンドではなくなりました）。利益率を下げての価格競争はやめて、合理的な説明のつく、「わけあって安い」がスマートなやり方です。

❼サービスをパッケージ化する「当社の成功ビジネスをパッケージにして売るとしたら何か、何が近道か」

モノを売っておしまい、サービスを販売しておしまいではなくて、継続してお金が入るシステムを構築する。定額でサービスが受けられるサブスクモデルが代表ですが、ブランド、商品、ノウハウ、指導などをパッケージ化した、フランチャイズシステムを作り、毎月一定程度のロイヤリティー収入を得るのもよいです。

自社で成功した実験済みノウハウをパッケージにして売るのですが、最初からパッケージ化する目的で新規事業を始めるのもよいです。

当社の事例1

当社は2つのフランチャイズパッケージの本部をしています。ひとつは住宅のFC「ジョンソンパートナーズ」札幌で成功した注文住宅のモデルをブランドごとに全国に販売しています。

最初は輸入建材を販売する目的で、ヤマチコーポレーションがジョンソンホームズとコラボして始めましたが、FC加盟店さんのニーズが材料やデザインの差別化から、販売ノウハウや業績達成に代わってきました。そのためFC事業を販売ノウハウのあるハウスメーカーのジョンソンホームズに移管しました。いわばグループ内M&Aでした。

もうひとつのフランチャイズ本部は、④のビジネスモデル分解で書きました「きたえるーむ」事業です。そもそもは住宅フランチャイズ加盟店さんに多角化のもう一本の柱にと開発したビジネスなのです。

当社の事例2

ヤマチマネジメントというグループ管理のアウトソース専門でスタートした会社があります。ヤマチユナイテッドの連邦・多角化経営を推進しています。小規模子会社経理管理、新卒グループ採用、人材開発教育などを行ってきました。

7年ほど前多くの企業の「多角化経営や仕組みで組織運営する会社にしたい」というニーズが多くあることとわかり、ノウハウを体系化し「システム経営」として研修やコンサルをしています。これもサービスのパッケージ化の事例です。

❽空白市場を見つける「競合がいない市場はどこだろう」

ビジネスは競合がいないほうがよいに決まっています。たとえば、紙にマトリクス（十文字）を書き、縦軸にハイコスト、ローコスト、横軸にデザインや生活スタイルへのこだわりあり、こだわりなしを書いてみてください。これをポジショニングマップといいます。そこにいろいろな業界の商品ブランドを書いてみましょう。たとえば車、アパレルブランド、レストランビジネスなど書いてみると練習になります。そして、自社の事業や周辺事業の同業各社のポジションを入れてみます。マトリクスのなかに空白を見つけたらそこが進出可能ゾーンなのかもしれません。

当社の事例 1

インテリアショップ事業を企画したとき、市場には中高級でこだわり顧客向けの、ハイデザイン市場に空白がありました。そこでインゾーネというライフスタイルショップを企画し開業したのです。今では札幌を代表する人気インテリアショップになっています。

当社の事例 2

当社の戸建て住宅事業はこのマトリックスで空白探しだけではなく、自社内競合しないように各ブランドポジショニングをしています。価格とデザインやライフスタイルのこだわりで市場を切る。なかなか使えるフレームワークです。

❾休眠資産の活用「活用していないものがあるとしたらそれは何か」

世のなかには普段あまり使われていない資産が眠っています。

住宅、別荘、車、駐車場、土地、高級時計、高級バッグ、プロフェッショナル人材、特許、そのほかたくさんの休眠資産の活用ビジネスが盛んです。

テクノロジー×スマホ×休眠資産です。世のなかの休眠資産はまだまだ掘り起こせばありそうですが、自社にも休眠資産がないでしょうか。歴史が長い企業は特に、不動産、人材の資産に目を向けると面白い発想が出るかもしれません。

当社の事例

不動産の休眠資産活用は社長以外あまり考えないものです。私はこの事業をここでできないか？　と常に考えていて、メガソーラー発電事業、パーキング事業、不動産賃貸事業など地味だけれど手堅いストックビジネスをしています。人材も同じように今元気がなくとも、違う役割を与えて輝くケースがあり常に意識しています。

アイデアを企画にする4つのチェックポイント

❶アイデアを検証する

これだ、というアイデアが生まれたら、企画にする前にネットで検索して、どこかに同じビジネスはあるか、似たビジネスはあるか、それは繁盛しているのだろうか、などを調べます。出来れば現地に足を運び、いろいろ検証したほうがよいでしょう。

私は投資額が数億円になったインテリアショップビジネスを始めるとき、同じようなビジネスをしている全国の企業の視察とトップへの面談を4軒ほどしました。そもそもインテリアビジネスは収益性が低いという先入観があったからです。でもインテリアが好きなので、どうしてもやりたいという葛藤がありました。

そのなかで一軒訪問した時、答えが見つかりました。そのインテリアショップは、店の一部を設計事務所に貸していて、インテリアショップをショールーム代わりにしたり、ショップ顧客情報を共有しPRしていたのです。それを見た私は住宅とインテリアショップのシナジーコラボ企画をイメージ出来、投資の決断ができたのです。

❷その事業に理念はあるか

ビジネスモデルにほれこむと、無敵のように感じますが、そこには冷静に考えることがいくつかあります。それはあなたがやるべきことか？　つまり社会性があるのか、誰のどのような課題を解決するのかです。そして、なぜやりたいと思うのか。あなた自身が一消費者として心底買いたい、欲しいものか。それはなぜか。過去の経験からだとしたら、それは何か。ただ儲かるというだけでは、うまくいかないものです。

事業は始めてすぐに必ずといっていいほど大きな壁にぶつかります。そのとき踏ん張れるのは、やりたくて始めたことが、やるべきことになり、本当にやりたいことになっている時なのです。その思いが熱量となり、人は共感し応援してくれるのです。

❸その事業の収益性や投資回収は妥当なものなのか

まず企画書、コンセプトや簡単な経営計画書をつくります。そのアイデアでざっくりとした収益計画を単年度、中長期で描いてみましょう。ポイントはアップサイド（うまく行った時）、ダウンサイド（うまくいかない時）の2パターン以上書くこと。

そして自分だけでなく、その業界に近い専門家に収益計画を見てもらったり、つくってもらうのです。もし納得できる収益がなさそうだったときは、簡単にあきらめずどのようにすれば納得のいく収益が出るのかを考え続けます。

そうやって自分のなかで何度もキャッチボールして企画を深めていくのです。どう考えても望む収益が出ない場合あきらめて初めから考え直します。

投資回収とはその事業で稼ぐ営業利益から税金を引いて減価償却を加えた金額を何年かけると投資した金額になるのか？　ということです。回収基準はすぐにビジネスモデルが変わるものなら2～3年。すぐに廃れないビジネスなら10年など、自分で基準をつくり判断しましょう。

❹企画を話して反応を確かめる

企画を経営幹部や家族に話してみましょう。賛成者多数か、無しかは、企画者の情熱、プレゼン力、企画内容のロジック次第です。経営幹部や家族が新しいことに常に否定的な性格であれば、事前のジャブ、個別根回しが必要です。

もっというとその前に企業は変化しないとつぶれてしまうという教育が必要でしょう。たとえ社長の企画でも賛成者がいない場合に強硬に自分だけやるのは実行段階で苦労するし、成功の確率が下がるからです。

普通に冷静に判断できる幹部たちなら、協議事項として提案し、彼らに研究してもらうことです。それは幹部はじめ社員がやる気になってもらわないと困るからです。逆に論理的な反対意見が正しく思えば、あなたは素直に企画をストップするという器の大きさも必要かもしれません。時期尚早なのかもしれません。形を変えて、また提案すればよいだけなのです。

新規事業を立ち上げるには

責任者、スタッフを決める

新規事業が決定したら、まずは実行責任者を決めます。可能なら実績のあるやり手の若手社員を抜擢しましょう。同じ実力なら若いほうを選ぶ。会社が小さいうちで責任者候補がいないなら社長自らが行う。若いうちならよい経験にもなるでしょう。

一緒に立ち上げたスタッフを教育して、責任者としてバトンタッチする予定でやるとよいと思います。組織がある場合、社長は新規事業の最終責任者として進行状況の報告は受けますが、実行はスタート時に事業責任者に準備から指揮を執ってもらうほうがよいでしょう。場合によっては社長以外の役員で新規事業立ち上げ特別チームを編成するのもよいですが、必ず責任者予定者もメンバーに入れるようにします。

新規事業の立ち上げは採用、教育、財務、見積もり、調達、ネゴシエーションなど経営感覚を磨くのにとてもよい機会です。全社に新規事業の意義を話して応援するように頼み、特に総務管理部門の助けがないとうまくいきません。新規立ち上げチームが孤立しないように気配りするのも社長の役目なのです。

とはいっても判断はとても苦しいものです。撤退基準に達しても粘って結局大成功したものもあれば、長期にわたり大損して損切りした事業がたくさんあります。すべてはトップの最終決断です。

新規事業スタート後の注意事項

事業が立ち上がったら、はじめのうちは社長も業績検討会議に入り計画書との差額対策の知恵を出しましょう。予定通りいっていれば認めてほめるのです。会議の主体はあくまでも事業責任者であることを忘れないようにします。ここで社長が主導権をとれば責任者は育ちません。

自分の意見は、「こういうやり方もあるみたいだね、良ければ参考にしてみたら」

ぐらいにしておきます。我慢を強いられますが、見守り育てる役回りだと思えばそれも苦ではありません。心配なら外部ブレーン、たとえば責任者の相談役として、業界や経営に詳しいコンサルタントをつける手もあります。フランチャイズに加盟するのなら、本部の幹部やスーパーバイザーが相談に乗ってくれます。このようにすれば社長は連続して起業することができるのです。

撤退基準をつくる

事業は計算通りにはいかないものです。1〜2割成功したらよいほうです。ソニーでも、ホンダでも、ソフトバンクでも、サイバーエージェントでも、ユニクロでも、バンバン失敗しています。あの優秀な人たちでも当たり前のように失敗するのですから、我々が失敗するのは当然です。なので、失敗を恥ずかしいとか、過剰に恐れたりしてはいけません。

新規事業は失敗する前提でスタートしましょう、成功したらラッキーなのです。ということは失敗した時立ち直れないほどの金額の投資をしてはいけません。変な男気を出して資金を突っ込むのはアホです。

撤退基準とは3年赤字なら撤退するなどと決めることです。撤退基準をつくる目的は基準があると周囲が安心するからです。社長がとことんのめりこむほど怖いものはありません。事業はバクチではないからです。

うまくいかなければ、やり直しがきくうちにさっさとやめるべきものです。企画した自分もデッドラインをつくることで、頑張るエネルギーが出ます。事業を運営しているスタッフはたとえ赤字垂れ流しでもやり続けたくなるものなのです。その時に撤退基準があれば事業の終了を納得させられます。多角化をしていて、収益の強い柱が何本もあるのなら、冷静に考えることができ、撤退の決断もしやすくなります。

3　多角化を成功させる「経営の仕組み」

THE SUCCESSFUL STRUCTURES OF ADMINISTRATION

「システム経営」で会社が別モノになる

新規事業を立ち上げ、多角化経営に取り組むときの障害が組織の仕組みがないことです。歴史ある大企業は仕組みのかたまりです（多すぎかも）。中小企業は仕組みが無さ過ぎて、なんでもトップ判断ですし、反対に社員は指示待ち人間ばかりになります。新規事業の責任者は指示待ち人間では頼りにならないので、外部から幹部採用するか社長自らが事業責任者を兼務してしまいます。

外部から幹部採用すると、会社に仕組みがない場合は、その人の過去の会社ルールで事業をやります。そして色々とトラブルが起きます。そもそも素晴らしい人材を採用できる確率は限りなく低い。そうです、今の段階での社長の最重要な仕事は仕組みづくりなのです。仕組みがあれば普通の社員が幹部に育ち、社長は楽になるのです。

私は新規事業を自分で開発しながら、仕組みをどんどん導入してきました。それが「システム経営」です。仕組みがあると、社員は裁量権限が多く、自主的に活動できるので、人が早く成長するし仕事のやりがいもあります。幹部中心に相談しながらほとんどの課題を解決していき、報告だけが社長に来るようになります。社長は自分が思う重要事項の判断と決断、そのための情報収集をします。このようにボトムアップとトップダウンのミックス経営の理想の形が「システム経営」なのです

導入すると社長は急に自由になり、本来やるべきこと、やりたいことに時間を使えます。将来のビジョンをじっくり考える、新規事業開発をする、会社の歴史を整理して理念を再構築する、長期間にわたり発想の旅に出る、人材育成の先頭に立つ、会社の看板として社会とコミニュケーションする、時間をかけて事業承継の準備をする。楽しくないですか?

さらに業績が良くなり、新規の事業も増えます。気が付くと、会社は大きくなり、財務内容も良くなっています。地域に貢献する、以前とは別物の素晴らしい会社になっています。多角化経営を成功させるためにも、これからお伝えする「システム経営」を自社に取り入れてみてください。

システム経営の要となる3つのシステム

経営の仕組みは、次の3つのシステムになっています。

①自主経営計画システム
②自主業績管理システム
③自主評価、分配システム

これらは次の「システム経営導入企業」事例の後で項目ごとにじっくり説明します。

トップダウン型から「システム経営」へ

京都で多角化経営を実践する株式会社リヴはワンマン型経営から「システム経営」

に舵取りをして成功している会社です。実践塾のOB企業で、多角化戦略によって企業規模を倍増しようとしています。

「京都一、元気な会社に」というビジョンのもと、バイタリティある波多野社長以下、モチベーションの高いスタッフとともに注文住宅、不動産仲介、木造ビル建築、リフォーム、カフェ、シェアキッチン、通所介護など、地域密着の10以上の事業を展開しています。最近も拡大戦略、新規事業として、地元の中堅分譲住宅企業のM&Aをしたところです。

社長が実践塾に参加を決めた動機は2つ。

ひとつは、新規事業・サービス展開が思うように実現できなかった現状を打破するため。売上は伸びているものの、その成長率は鈍化していました。もうひとつは、新規事業を進めているが、社員が思うようについてこない、という悩みを解消するためでした。

実践塾では、まず現状認識します。社長は自社を分析する課題に取り組んでみたところ、次のような現状を認識することとなりました。

・社長のトップダウンが強く、重要事項かどうかにかかわらず社長が決めている
・組織の仕組みができておらず、属人的に仕事をしている
・メンバーの主体性がなくリスクを取らないので、仕事を任せることができない
・そのため、メンバーが成長しないという悪循環が起きている

トップダウンはスピード感があり、効率的でもありますが、社員が一定数を超えるとマネジメントスタイルを変えていかないと逆に成長性が損なわれます。このことは、理屈ではわかっていてもなかなか仕組みに落とせないものです。

そこで波夛野社長は、その現状を変えるため、幹部5名と一緒に実践塾に参加し、2カ月に一度、合宿に来て、全員参加の「システム経営」に取り組んだのです。

まず自立性のある風土、人材育成のために5つの自主運営「委員会」をスタートしました（委員会については後述します）。さらに役員会直轄の「女子改」という女性だけの特別委員会を設けました。女性ならではは鋭い視点で各店の改善を指摘したり、情報共有することを目的にしたユニークな委員会です。

そのほか、事業多角化のための人材戦略として採用、評価、待遇制度を構築し、

「分不相応採用」という優秀な新卒とマネジメント人材を採用するプロジェクトを開始され、中小企業ながらよい人材確保をしています。やはり、多角化によって企業成長を遂げるというビジョンは人を引きつける魅力があるようです。

組織は、機能別の事業部に変更され、それぞれの業績成果がわかりやすくなりました。

そして、経営改善計画を作成し、「トップダウン経営からシステム経営に変更すること、さらに多角化経営をすることを意思決定した」と全社に宣言したのです。それ以来、幹部や社員の「自分たちも経営に参加しなければ」という意識に変わりつつあるようです。

このように、リヴは多角的に成長するための具体的なシナリオを描いており、地元のリーダー企業グループになることは間違いないでしょう。

経営計画は幹部中心につくる
①自主経営計画システム

経営計画は社員全員参加でつくる

「経営計画をつくっていない」「経営計画は自分の頭のなかにある」という会社は驚くほど多いようです。以前、聞いた話では、日本の企業できちんとした経営計画書をつくっている会社は10％未満とのこと。

実際、大きく成長している会社で、経営計画がないという例は聞いたことがありません。

そして、経営計画的なものをつくっている会社でも、売上・利益など数値目標だけの経営計画になってはいないでしょうか。

そもそも経営計画とは、経営の質を向上させるために、経営目標を設定し、達成手段と得られる成果を部門別、期間別にまとめたものです。

したがって、数値目標だけではなく、それを達成するための実行計画、組織運営計画までを具体化するのが経営計画のあるべき姿です。

しかし、これをきちんとつくれていない企業が意外に多いのが現実です。

経営計画はまっとうな経営を行っていくうえで必要不可欠なものであり、多角化経営を目指す以前の問題です。

さらに「うちは、しっかりと経営計画をつくっている」と胸を張る経営者であっても、多くは能力のある社長が経営計画を立案し、幹部がそれを読みやすく清書しているというケースが多いのではないでしょうか。

システム経営の主役は、社長ではなく幹部です。

経営計画も現場に近い幹部が経営計画書づくりの主役になります。

経営者の長期的なビジョンや基本戦略を踏まえ、幹部が現場の意見を吸い上げて経営計画書を作成し、それを経営者が承認する。これがシステム経営における経営計画のつくり方です。

現場に近い幹部主導で経営計画をつくり、社員それぞれが実行計画の策定に関わったほうが、社長がつくるよりも、きめ細かく、魂のこもった経営計画を作成することができます。また、自然に参加意識や責任感も芽生えます。

実際、私は15年以上、経営計画を自分ではつくっていません。もちろん、最初のうちは、経営計画として納得できないものや計画の甘いものができあがってきますが、「この計画ではワクワクしないね」「実行計画の具体性がないね」「達成するイメージがわかないね」などとやさしくダメ出しをして再考を促します。そうすると、幹部も自分の未熟さを認識し、ブラッシュアップした計画書を作成し直してきます。

こうしたコミュニケーションを何度も繰り返すことによって、幹部は社長の価値観を共有し、自分の頭で考えることによって成長していきます。

すると、やがて社長がオッケーするだけですむレベルの高い経営計画書が出来上がってくるようになるのです。

なお、当社の事例では、2月末の決算から逆算して、前年の8月くらいから経営計画の作成に取りかかります。8月の段階で年度末決算の予測や着地点を経営会議で検討しはじめ、10月くらいから新年度の計画の準備をし、5カ月ほどかけて次年度の経営計画を立てていきます。

他社より時間をかけていますが、幹部中心のボトムアップ型の経営計画書をつくろうと思えば、自然と時間がかかりますし、そのくらい時間をかけたほうが、全社員が納得する経営計画に仕上がります。これも慣れてくるとだんだん早くなります。

トップのビジョンを経営計画に落とし込む

経営計画書を作成する前に確認しておきたいことがあります。

トップのビジョンが明確になっているかどうかです。

ビジョンが社員に伝わっていないと、向かう方向や、それに対する経営課題も見えません。

私が好きな言葉に、「ロマンとソロバン」というものがあります。

つまり、経営をするうえでは、売上や利益などの数字（ソロバン）は最重要課題のひとつです。売上や利益を確保できず、赤字会社に陥れば、会社は存続できませんし、社員は路頭に迷ってしまいます。

会社を存続させ、さらに成長させるために、数字の達成にコミットする。これが経営者に求められる大切な姿勢です。

しかし、数字だけでは経営はうまくいきません。将来の夢や展望もなく、ひたすら目の前の仕事に打ち込んで、数字を確保する。これでは社員は疲弊してモチベーションを失いますし、成長どころではありません。

経営には、数字と同じくらい、ワクワクするような夢やビジョン、つまりロマンが必要です。

「世の中から○○をなくしたい」「もっと○○な世の中にしたい」

「自社商品で世の中に革命を起こしたい」「誰もやっていないことを成し遂げたい」

「○○で日本一の会社になる」「業界シェアナンバーワンを達成する」

企業規模でも事業エリアでも従業員数でもかまいません。社員が夢を持てるようなビジョンを社長が幹部や社員に示すことが重要です。

会社が目指すべき「ありたい姿」をビジョンとして明確にすることによって、幹部や社員も少々辛いときでも、「今が頑張りどきだ」とばかりに底力を発揮してくれます。

当社が多角化を志すきっかけとなった大規模なリストラ後に、住宅のフランチャイズ事業（インターデコハウスＦＣ）を立ち上げたとき、「全国で活躍する会社になろう」というビジョンを掲げて、みんなで握り合いました。その甲斐もあってか、しばらくして、そのビジョンは現実のものとなりました。

辛いときこそ、希望を持たないとモチベーションが上がりません。経営者は大きな夢やビジョンを常に提示しなければなりません。

現在、当社の場合は、先述したように「ＴＨＥ１００ＶＩＳＩＯＮ」という経営ビジョンが社内に浸透しています。１００の事業を立ち上げ、１００人の経営トップを生み出し、１００年愛され続ける会社になる。そうしたワクワクさせるような目標があると、「自分もいつかトップに」と夢を持って仕事に取り組んでくれたりします。

みなさんの会社では、社長がビジョンを明確にしているでしょうか。自分の頭のなかにあって、社員に伝わっていなければ意味がありません。

夢を持てるようなビジョンを明文化し、経営計画に落とし込みましょう。ビジョンから逆算した経営計画であれば、社長も社員も達成したいと思うようなワクワクとした計画書になるはずです。

納得する目標利益を設定する方法

具体的な経営計画書のフォーマットについては、他でもわかりやすい専門書やWEB情報がありますので、詳細についてはそちらをさがして参考にしていただきたいと思いますが、ここでは経営計画作成のポイントとなる目標利益の決定方法について説明しておきます。なお、目標売り上げは利益が決まると自然に逆算で割り返して決まります。売り上げはさほど重要ではなく利益が何倍も重要だと教えましょう。

みなさんの会社では、目標利益をどのように決めているでしょうか。幹部中心に社員が根拠をもってつくり、社長に提案するのがゴールですが、最初は社長のトップダウンでもオッケーです。でも何を基準に設定するかを伝えないといけません。

たとえば、今期の決算予想が税引前利益3000万円だとします。すると、「来期はざっくり10%アップくらいかな」と目標利益を3300万円とする設定する。このように基準が曖昧なまま、社長の経験と勘で決めていないでしょうか。それも悪くはないのですがやはり、何のために頑張るのか納得する基準が欲しいですね。

幹部が納得したうえで計画実行をスタートしてもらうためには、トップが目標利益の根拠をあきらかにする必要があります。「ウチは、目標利益はこう決める」という根拠がしっかりしていれば、幹部も主体的に目標の達成に向けて計画を実行してくれるはずです。以下5つの基準を示しますので組み合わせて使ってください。

利益目標の設定方法としては、次の5つの方法があります。

① ビジョン逆算方式
② 必要資金基準方式
③ 人員生産性基準方式
④ 経常利益率基準方式
⑤ 総資本経常利益率（ROA）基準方式

わかりやすく考えるために、架空の例としてある企業のデータを示しますので、それぞれの方式に当てはめて考えてみましょう。

①ビジョン逆算方式

何年後にこんな姿の会社になりたいというビジョンをつくり、そのビジョンの項目を書き出します。売り上げ利益の規模、社員数や待遇、事業のドメイン範囲、社会からの評価、会社の財務内容などですがまだまだあると思います。

ビジョンなので根拠は必要ありません。そのビジョンを達成するには、中期的にはどのくらい、短期的にはどのくらいの利益が必要なのかを幹部と話し合うのです。ビジョン逆算方式には計算機式はありません。以下の方式と組み合わせて使ってください。

②必要資金基準方式

↓（借入返済年額－減価償却費＋内部留保予定額）×2

これは、借入返済額、運転資金など必要資金から逆算する方式です。

借入金が2億円あって毎年2000万円返済をしているとき、1400万円の減価償却費があると、返済財源として差引き600万円が必要になります。そして1000万円を内部留保として残そうとすれば、合計で1600万円。法人税等が約

50%とすると（ここまで高くはありませんが）、掛ける2倍で3200万円が必要利益になります。

↓（2000万円－1400万円＋1000万円）×2＝3200万円

これは借り入れ返済ばかりではなく、会社として整備したい、投資したいことを幹部中心にリスト化、優先順位をつけてそのための利益を考えるのにも使えます。

さらに、出すべき株主配当、社員への特別ボーナス資金などと考えを深めるとよいと思います。

③人員生産性基準方式

↓1人当たり経常利益額×従業員数

1人当たりが稼ぎ出す純利益から計算する方式です。1人当たりの経常利益額は自社と同業種の優良企業の平均額を調べて弾き出します。TKCなどの企業情報サービスを参考にするとよいでしょう。

↓80万円×45名＝3600万円

④経常利益率基準方式

↓売上高×経常利益率

同業種の売上高経常利益率から計算する方法です。優良企業の売上高経常利益率が5・5％だとしたら、売上高の6億円の場合の利益額は3300万円になります。

↓6億円×5・5％＝3300万円

⑤総資本経常利益率（ROA）基準方式

↓総資産×総資産経常利益

投下した資本に対する経常利益率から計算する方式です。自社と同業種の優良企業の総資本経常利益率が7・0％だとしたら、総資本が5億円の場合の目標利益額は3500万円になります。

↓5億円×7・0％＝3500万円

目標利益を決めるときは、これらのなかから自社に合った方式を根拠とする、もしくはいくつかをミックスしてもよいでしょう。ちなみに、当社は基本的に①収支基準方式と②人員生産性基準方式をベースにミックスして目標利益を決定しています。

ある流通業の例

年間売上高	6億円	
総資産	5億円	
借入金	2億円	
借入金元金年間返済額	2000万円	
税引前利益額	3年前	2600万円
	2年前	2800万円
	直前期	3000万円
減価償却費	1400万円	
内部留保予定額	1000万円	
従業員数	45名	

いずれにしても根拠となるモノサシを持てば、「昨年の実績から考えると目標利益3000万円が妥当だと思っていたが、3600万円を目指すべきではないか」といった議論を社長と幹部の間ですることができます。

客観的なモノサシがあれば、幹部のほうから「3600万円を目標にしましょう」という声があがるかもしれません。

また、目標利益を決定する過程で、優良企業の平均と自社の現実との間にギャップがあるとわかれば、課題が浮き彫りとなり、対策を経営計画に落とし込むことも可能になります。

このように経営計画書を作成する際は、モノサシとなる根拠をもとに幹部に目標利益を設定させれば、幹部の納得感は高まりますし、数字にシビアな幹部を育てることができます。

経営計画書は全社員で共有する

経営計画書をマル秘文書扱いとして、経営幹部の間だけで共有している会社も多いのではないでしょうか。

当社の場合は、経営計画は経営計画書として文書化しています。全部で50事業ほどの経営計画を網羅しているので、それなりに厚い冊子となりますが、それらを社員全員へ配布しています。

計画は社員全員で共有しておかないと、他人ごとになってしまいます。幹部ばかりが「目標数値を達成するぞ」とはっぱをかけても、「なぜその数値を目指すのか」「自分たちの事業はどこへ向かっているのか」ということを計画書を通して部下が理解しておかないと、自発的に動いてくれません。

経営計画や目標数値の達成に自分たちもかかわっていることを意識してもらう必要があります。

また、経営計画書を配布、共有しておけば、進捗管理にも活用でき、計画の達成に向けて適切な対策を取ることができます。

都合の悪い内容も公開する

経営の実績と経営計画を社員に公開したくない理由はいくつかありますが、

1つ目は経営が赤字、財務内容が悪い場合があります。嫌気がさして逃げてしまうのではないかと恐怖に思うのです。こんな時は逆に少なくとも幹部に状況を隠さず見せて、それを何年で取り返すか一緒に考えると意外に協力してくれるものなのです。社長が一人で抱えると逆に逃げてしまうのではないでしょうか。弱い部分はあえて、さらけ出して助けてもらうのです。弱いふりをする作戦もありかもしれませんね。

2つ目は社長の報酬などが公開されるのが気になるという方もいます。社長の責任と実績の対価だと堂々と出される方も多いのですが、その場合でも将来の事業承継の資金、つまり株の承継のために必要な資金だったり後継者育成の資金なので、単なる娯楽のためではないことを社員に伝えたりするのです（これは幹部の仕事です）。それでも気になる場合は本社費用勘定に入れてしまい分担経費としてしまうと気にならないかもしれません。持ち株会社による連邦経営をする場合は、配当やロイヤリティーなどの分担方法で解決するのではないでしょうか。

財務改善計画を立てる

多角化を推し進められる強い会社をつくるには、健全な財務体質へと改善していくことが大切です。資金繰りがうまくいかなければ、多角化をしたくてもそれどころではなくなってしまいます。

そこで、経営計画を立てる際に、財務改善計画も一緒に立てるとよいでしょう。

まずは、自社の財務がどのような状況にあるか分析することから始めます。会計事務所や税理士など専門家にお願いするのもよいですが、経営分析の専門書などを参考に自社で分析したり企業信用調査会社のデータなどを利用したりして、自社で現状を把握することもできます。

当社でも実際に決算書をもとに各経営指標を分析してみたり、ＴＫＣの同業者優良企業標準指標と比較してみました。なお、企業信用調査のデータは、自社の関係者は直接入手できないため、知り合いの経営者仲間などにデータを入手してもらうとよい

でしょう。（一部、自社データを入手可能なところもあります）

自社の経営分析をしたら、債権圧縮、在庫・資産の圧縮、借入返済、仮勘定の見直しなど改善ポイントを抽出していきます。これらの作業は少々専門的なので、最初は、管理部門が主導してもよいでしょう。改善ポイントがあきらかになったら、B／S（貸借対照表）とP／L（損益計算書）の中期改善計画を策定して、経営計画にその対策を明文化して、幹部や社員と共有します。

なお、財務改善計画では、「内部留保がいくら必要か」という視点が大切で、自己資本比率をいくらにするか、リスクに対する引き当てをどうするかについて検討します。

当社もこれらの財務改善計画を作成し、経営計画書に対策を反映してきた結果、年々財務内容が改善し、銀行の格付けや信用調査会社の点数などもアップしました。会社の財務体質が強くなると同時に対外的な信用も増すのです。

幹部、社員が業績を管理する
②自主業績管理システム

社長は業績管理せずに幹部に任せる

業績管理は社長の仕事。中小企業の社長は、そう考えているのではないでしょうか。実際、自らがトップセールスで稼ぎ、営業会議や経営会議を仕切っているケースは少なくありませんし、部下に対して計画とのギャップを指摘し、的確な対策を指示しているトップも多いでしょう。

そのような会社では、幹部は社長から「業績をつくれ」と要求される立場だと思います。つまり、業績管理の主役は幹部ではなく、社長の補佐にまわることになります。

しかし、システム経営では、業績管理は当然ながら幹部の仕事になります。社長はできるのだけれど、見守りアドバイスに回るのです。

幹部たちが自分でつくった経営計画を自分たちで管理し、達成するしくみをつくるのです。Ｐ（Ｐｌａｎ）→Ｄ（Ｄｏ）→Ｃ（Ｃｈｅｃｋ）→Ａ（Ａｃｔ）のサイクルを意識しながら、計画の目標に達していないようであれば、幹部たちが作戦会議を主導し、対策案をひねり出す。社長が経験に基づいた解決を出しては頼られます。これを繰り返していくことによって、自分で考え、決めたことを徹底してやりきる風土が生まれます。

システム経営では、幹部が経営計画をつくっているのですから、幹部が業績を管理するのは理にかなっています。

ただし、最初のうちは、幹部も戸惑うかもしれません。幹部が業績を管理される側から管理する側になると、急速に成長し、経営幹部としての自信がみなぎってきます。それまでは、営業会議、経営会議や役員会などを通じて社長の価値観を共有し、タイミングを見て業績管理を任せていく必要があります。

業績管理は仕組みとスピード

業績チェックと対策改善はタイムリーに行うことが重要です。そのためにも、月次決算を確実に行い、早くまとめることをお勧めします。会社が小さくて会計事務所に丸投げしていて、月次決算が出るのが遅い会社もあります。管理会計で、たとえ正確でなくてもよいので素早く出す工夫がいります。そして早く専任の担当者をつけて管理資料をいつでも見られるようにしましょう。

目標や予算は月別、部門別、個人別に作成し、現場によっては週単位、1日単位でもチェックし、必要に応じてスピーディーに業績の差額対策を講じていくのです。

月次の業績を確認するときは、前年対比、計画対比をチェックするのも大変重要なことです。数字はなるべく早く、何かと比べないとただの数字になってしまいます。

そのためにも、毎月1日には業績速報を配信するというルールを決めておくとよいでしょう。このとき、業績(売上、粗利)は確定させますが、経費は予算通りの概算でもかまいません。毎月1日に月次の業績を把握することによって、早い判断・対策が可能になります。これは社内のスタッフでなければできませんね。

一年を3つのブロックに分ける

上場企業はよく4半期（3か月）ごとにまとめて業績を株主にむけて発表します。中小企業でもできるかとやってみるととても忙しいし、あっという間に次の四半期が来ます。そこで当社は独自に4カ月に一回業績をまとめ、対策を発表するPDCAサイクル、一年間を3つに分ける3クール制にしました。

全社キックオフ、経営会議などの場で振り返りと次のクールでの差額対策を発表したり、場合によっては計画変更をします。社長はこの場で報告を受けて、業績の進捗をチェックすることになります。

6カ月に1度だと手遅れになる可能性がありますし、3カ月に1度だとあまり変化がないことが多いので、経験上、4カ月に1度がちょうどいいサイクルだと思っています。どこもやっていませんがおすすめです。

事業部別に営業利益を管理する

システム経営では、事業部別に営業利益を管理することが重要です。多角化経営では、それぞれの事業が独立採算管理されていることが前提となっているからです。もし事業部毎に独立採算で営業利益を管理していないと、どの事業が稼いでいて、どの事業が稼いでいないのかが明確になりません。これらがあいまいなままだと、稼いでいる事業部は自分たちが評価されないので士気が下がっていきますし、反対に稼いでいない事業部は自分たちの弱さが表に出ないので、必死さを欠くことになります。

したがって、事業部別に営業利益が出せるように、経理会計処理し、それぞれの事業部の生産性を自分たちで管理するのです。

オープンな管理会計を導入する

　このように会計情報を経営管理者の意思決定や組織内部の業績測定・業績評価に役立てることを目的とした会計処理のことを、「管理会計」といいます。会計には2種類あります。1年に一度税金を払うために税務署に決算を報告しますね。そのための統一したルールである税務会計と、経営管理のために自分たちで管理しやすいフォームで会計する管理会計があるのです。

　実はこれが、システム経営を行うにあたって重要なので、管理会計をぜひ導入してください。事業ごとに毎月の売り上げ、経費、利益を分けて管理する、つまり計画との差額、前年との対比など詳しく知って対策をするための管理資料をつくるのです。したがって、税務申告用の月次決算と管理会計の月次決算内容は違っていてもよいのです。

　管理会計の良さは、部署ごとの決算が出て、目標との差額対策の基本資料になります。社員みんなにわかりやすい形で損益の会計情報をオープンにして、良くても悪くても、業績を自分事にしてもらいやすいのです。ですから、システム経営を行うのには不可欠な仕組みなのです。

これを実行するには、総務費や減価償却費など全社共通の経費や部門にまたがる経費を適性に各部署に割り振る必要があります。たとえば、支払利息は通常営業外費用ですが、営業経費として販管費に計上したります。

このような管理会計を採用すると、経理業務は煩雑になりますが、各事業の業績が明確になり、適切な部門別の業績評価が可能になります。

このときのポイントは、賞与、利息、減価償却費、予備費、借入返済（本来費用ではないが）など通常かかるはずの費用はすべて各部門への直接経費として計上することです。オフィスがグループ会社の物件に入っていて実質家賃が発生していない場合でも、家賃がかかったことを仮想して引き当て計上します。

そうすることによって、適切な部門別の業績評価ができますし、各事業部の幹部や社員たちの数字に対する意識も高まる効果があります。

また、管理会計を導入すると、ひとりあたりの生産性や利益も出せる、幹部や社員の納得度が高まるなど、多くのメリットがあります。会計が苦手な社長は、この部分

管理指標の推移管理例

単位：千円

	計画	3月	4月	5月	6月	7月	8月	9月	10月	11月	12月	1月	2月	平均
売上高	前年	277,990	352,600	342,524	363,177									334,073
		412,848	295,622	406,329	524,961									409,940
現預金残高	前年	761,768	607,102	613,599	670,107									663,144
		717,349	643,239	730,665	563,946									663,800
売掛金	前年	702,906	677,098	754,490	844,971									744,866
		972,339	871,448	918,617	1,026,050									947,114
受取手形	前年	132,368	69,549	26,161	65,062									73,285
		46,094	78,671	60,849	65,416									62,758
電子記録債権	前年	0	0	0	994									249
		0	0	0	0									0
商品在庫	前年	253,786	274,345	271,549	255,851									263,883
		234,392	257,304	269,130	259,787									255,153
宮の森土地	前年	48,489	48,489	48,489	48,489									48,489
		0	0	0	0									0
買掛金	前年	363,940	406,473	416,112	469,815									414,085
		503,279	479,251	497,918	586,449									516,724
支払手形	前年	905,303	684,760	680,258	799,691									767,503
		332,266	290,518	293,664	241,693									289,535
電子記録債務	前年	0	0	0	0									0
		547,294	534,347	616,932	514,866									553,360
短期借入金	前年	370,000	370,000	370,000	370,000									370,000
		270,000	270,000	270,000	270,000									270,000
長期借入金	前年	0	0	0	0									0
		21,250	20,625	20,625	19,375									20,469
売掛債権回転日数	前年	64.9	55.4	55.3	61.8									59.35
		55.1	57.8	59.0	61.2									58.28
棚卸資産回転日数	前年	23.9	24.4	23.1	21.0									23.10
		12.9	15.9	16.5	14.8									15.03
買掛債務回転日数	前年	99.5	81.8	78.4	86.8									86.63
		75.5	80.1	85.7	76.0									79.33
自己資本比率	前年	18.1	19.3	19.1	17.5									18.5
		19.6	18.7	17.2	19.3									18.7
従業員数		197	212	215	218									211

を経理の担当者に読んでもらえば簡単に理解してくれると思います。

重要管理指標（KPI）の推移管理

業績管理では、推移管理が必要な経営指標項目を抽出し、追いかけていくことも大切です。

粗利益率、回転率、債権残高、在庫残高、借入残高などを損益勘定や貸借勘定のなかからピックアップするほか、契約率や生産や販売個数データも重要でしょう。

それぞれの会社や部門では、事業によって掴んでおくべき項目が異なりますが、これらの項目を月別推移、前年比較で一覧表にしておくと、異常値の発見につながり、改善の意識も高まります。たとえば、月別比較、前年比較で売掛金が急激に増えていたとしたら、「なぜ売掛金が増えたのか」を分析し、的確な対策を取ることも可能です。

会議優先ルール

システム経営の欠点をあげるとすると、トップダウンより意思決定に時間がかかるということです。説明し、納得してもらってから進むのでそうなりがちです。でも仕方ないと割り切っています。そして決定して進めば結局早かったね、となることが多いです。

当社は他社よりも会議の数は多いと思われます。ムダな会議はないと思いますが、情報共有や意思統一を図り、本音のコミュニケーションをするためには、会議が多くなるのは致し方ないと考えています。

システム経営にとって、会議は必要不可欠な場ですから、「会議優先」という共通認識が必要です。「お客様との予定が入ってしまって」という場合も、事前に会議のスケジュールは決まっているわけですから、段取りが悪いと考えるのです。「会議優先」のルールを徹底しないと、会議に出ないメンバーが増え、会議が形骸化していきます。

Ｚｏｏｍの一般化で、会議場へ集まるという移動時間の節約効果が目立っています。時間の調整もしやすいはずなので、会議優先はしやすい環境が出来てきました。

議事録の徹底

会議は会議ごとに目的、得たい結果を明確にします。状況が変われば会議の形を積極的に変えます。会議自体のルールは事前にネット等で参考にして自社なりのをつくり、壁に張り出すのもよいでしょう。それを会議前にみんなで確認します。

効果的な会議運営のやりかたですが、当社の場合議事録を重要視していて、議事録担当が会議に参加しながら記入し、終了後すぐ参加者と共有者にメールします。これをすべての会議の習慣にします。そして次回の会議の冒頭に前回議事録の確認をすることをアジェンダに入れておきます。確認のためには各テーマごとの進行担当者とデッドラインも議事録に書いておくことにします。会議の終了時には次回の会議日程の確認をルーティーンにします。

会議は毎週か毎月の定例になることが多い。その場合可能なら年間スケジュールを経営計画書に反映させたりすると、毎回みんなのスケジュール調整が不要になります。

タイムリーな報告は欠かせない

システム経営は、各事業について幹部に権限移譲することを意味します。

私はよく「幹部に丸投げしなさい」といっていますが、これは「放任する」「なすべきことをしないで、責任も放棄する」という意味ではありません。

ビジネスにおいて最高の成果を出すために、お互いの目的やゴールを確認し合ったうえで、相手に任せることを「丸投げ」と私は定義しました。

したがって、任せた仕事がどうなっているかを把握するために、タイムリーな業務報告が欠かせません。権限移譲と報告はセットなのです。

社長としてどのような報告が、どのぐらいの頻度であれば、安心な現状把握ができるかを自分で考えて、幹部達とすり合わせして報告システムをつくってください。報告のために仕事が増えるのは問題ですが、任せて報告なしになると正しい重要な意思決定が出来なくなることを伝えてください。

多くの報告、議事録を自分で受けたり、見たりするのではなく、秘書を教育して、代わりに見てもらい重要なところだけ秘書に報告してもらうという技もあります。ボリュームが多いので報告を減らすのではなく、間接的に知るのです。良し悪しはありますが。

報告を共有する

業種や職種によりますが、日々の業務報告は、日報、週報、月報という形でも行われます。報告書は、数字や結果だけでなく、気づいたことや改善しようと思うことなど、本人のコメントも書くようにすると、生きた報告書になります。報告される側が「読んでみようかな」と思うような報告書を書くことで、お互いの業務のことをよく理解できますし、コミュニケーションも深まります。

幹部の週報はトップにもまとめて配信されるのがよいと思います。（細かく見るかどうかは別として）多角化が進めば進むほど、現場を見る時間はなくなります。週報に目を通しておくだけでも、少なくとも現場で何が起きているかわかりますし、経営判断をする際の大切な情報となります。

また、管理職の週報もしくは月報は、全部門の管理職に配信され共有する考え方があります。当社では多くの事業があり、それぞれが異なる仕事をしています。だから、管理職がお互いの週報もしくは月報に目を通すといったことが日常的に起きているのです。

なぜこのようなことをするのかというと、「自分の事業だけわかっていればいいや」という風土を生まないためです。他の事業はどうでもいいという姿勢だと、グループ全体に対する愛着もわきません。

また、他の事業のことを知っておけば、自分が幹部になったときに広い視点で物事を考えられますし、人事異動で他の事業に移った場合にも、スムーズに新しい仕事に溶け込んでいくこともできます。

幹部育成という意味でも、管理職間の情報共有を大切にしているのです。

会議の運営も幹部に任せていく

「それだけ会社や事業部がたくさんあると、会議に出るだけで大変ですね」と心配されることがあります。

たしかに当社の場合、各社毎に業績検討会議や経営会議、幹部会を行っているため、必然的に会議は多くなるのですが、現実的なことを言えば、「会議が多すぎて困る」という状況ではありません。新しく重要な会議が立ちあがったときは積極的に参加しますが、徐々にフェードアウトしていくからです。

システム経営を実践するには、社長は最初のうちは会議に基本的に参加しても、判断基準や価値観の共有・指導ができたら、会議の運営は幹部に任せていきます。

「こういうケースでは、社長はこういう判断をする」ということを幹部に示すことができたら、徐々にフェードアウトし、社長がすべき仕事に専念するのです。

よく会議に忙殺されている経営者とお会いすることがありますが、会議運営は幹部に任せないと、いつまで経っても社長を頼ってしまい、成長しません。

「システム経営」においては、会議は社員教育の場、社員が成長する場ととらえることが大切です。

なお、主要な会議は一覧表にして、目的・メンバー・開催頻度などをまとめて経営計画書に記載しておくとよいでしょう。

たくさんある会議を整理することにもなりますし、多角化を進める企業にとって会議が大切であることを社員に印象付けることにもつながります。

自分たちで評価する③自主評価、分配システム

多角化経営の給与体系

経営者にとって業績と同じくらい悩ましいのが人事管理ではないでしょうか。

私もそうですが、「社員の評価をするのは気が重い」という声を経営者からよく聞きます。特に中小企業の場合は評価制度が確立されていないケースが多い。しかも、できるだけ平等な評価をしたいのに、末端の社員まで目が行き届かない経営者にとっては、人事考課は大きなストレスのもとです。

しかも、多角化で事業を増やせば、ますます目が行き届かない社員が増えて、社長のストレスも増大していきます。無理して自分で正確な評価をしようと思えば、その

作業に忙殺されて、本来の社長の仕事がおろそかになってしまいます。

「どうすれば給料が上がるかわかりません」という不満を持っている社員は少なくありません。それは、たいてい会社がキャリアパスや給与体系の仕組みを明確に示していないことに原因があります。人事考課を通じて個人の成長を促したり、等級、職階級制度を整備して上昇志向に応えるなど、まずは仕組みをつくる必要があります。

また、職階級別の職能要件を整備することも大切です。自分はどんな点が不足しているのか、どんなスキルや能力を身につければ給料が上がるのか、部下がわかるようにすれば、その克服に向けて積極的に動いてくれます。もし職階級別職能要件がないようであれば、簡単なものでよいので幹部みんなで話し合って作成し、メンバーの成長意欲を引き出しましょう。

「成果分配」の仕組みがやる気を生む

そこで、システム経営においては、「成果分配」という仕組みをつくり、経営者の負担を軽減しています。当社では、通常の賞与を支給するのとは別に、年1回「成果分配」をすることを基本としています。

「成果分配」とは給与や賞与とは異なり、超過利益という成果に対する報酬です。したがって、当社の成果分配は、年度末決算の実績に応じて支払う決算賞与という位置づけとなります。

自分たちで作成した経営計画を自分たちで管理し、達成したら利益から還元分配する仕組みです。だから、「経営計画策定」→「業績管理」→「成果分配」はセットで考える必要があります。

この仕組みをまわすことによって、社員のやる気や主体性がアップすると同時に、生産性や業績の向上も実現することができるのです。

成果分配基準を設定する

自社の決算を見ながら成果分配ルールを考えてみましょう。

当社の事例を伝えますので参考にしてください。当社は事業ごとに一人当たり営業利益が一定額を超えた場合、超過利益の1／3を内部留保、1／3を税金、1／3を成果分配原資としています。

たとえば一人当たり100万円の年間営業利益が最低限のバーの事業の場合で、一人当たり190万円の営業利益予定だとします。その場合90万円の1／3である30万円×人数分が成果分配原資になるのです。それを幹部で打ち合わせして社員で分配するのです。


こうすることによって、社員のモチベーションを上げると同時に、会社にも資金をしっかり残すことができます。会社にお金を残す必要性については事前に説明しておく必要があります。このようなルールを設定する場合、超過の基準となる予定利益の設定がポイントとなります。基準の設定バーが高すぎても、低すぎてもやる気を失ってしまいます。

予定利益の設定は、次の項目を基準に決定するとよいでしょう。

・一人あたり生産性（社長の価値観、業界優良企業などを参考にして）

・必要キャッシュフロー（借入返済など、を考慮してどれくらい会社に残すか）
・管理会計上で加算項目、減産項目を設定（不良債権、不良資産・在庫、などを差し引いて考えるのです）

なお、業績変動が激しい場合などは、原資の決め方をあえて弾力的に運用できるようにするとよいでしょう。まったく成果配分が出ないとモチベーションが上がらないので、少額でも安定して出すという考え方を取るべきです。たとえば、予定利益はキャップ（上限）の設定をしておき、それを超えた部分については、翌年以降に予定利益を達成できなかった場合に、繰り越して支払うという方法もあります。

予定利益額を超過した分のどれくらいが還元されるのか、年度が始まる当初に発表しておくことが大切です。そうするとやる気が出るものです。

トップのさじ加減をやめる

全社の分配原資が確定したら、部門別にどう配分するか、そして個人別にどう配分するかを決めておきます。

部門別であれば、「目標利益を10％上回ったらいくら」というようにあらかじめ基準バーを決めておきます。個人別であれば、職階級毎に分配するのが一般的です。上位階級を１００とした場合、その下の階級は50％、そのまた次の下位職はその50％というように決めておきます。つまり、責任の度合が高い人が多くもらえるというわけです。また、部門別・個人別に貢献度を加味して増減させるといった調整も必要になるでしょう。

いずれにしても、トップのさじ加減で決めないようにしましょう。それをすると、「頑張って成果を出しても報われない」という不信感につながり、途端に成果分配システムの根幹が揺らいでしまいます。

成果分配の基準案や支給案は、各社、各部門の部門長、役員によって協議検討し、役員会で審議のうえ承認されるようにしておくとよいでしょう。基準づくりや個人別の支給額をどうするかは幹部に任せて、トップは決裁のみに専念すべきです。

人事評価も幹部に任せる

システム経営では、成果分配のシステムにのっとって利益を還元するだけでなく、部下の人事評価と給与・賞与の決定も幹部に任せてしまいます。具体的に言えば、人事評価は社員で構成されている委員会（後述）や幹部会議に委ねています。極端に言えば、「労働分配率が悪化しなければ、みんなが納得し、やる気が出て、会社に悪影響が出なければ、よい仕組みをみんなで考えて実行する」というものです。

もちろん、人事評価に絶対的な正解はありませんが、現場を常に見ている幹部や社員が議論を重ねながら評価すれば、より正確な評価ができますし、部下の納得性も高まると考えています。社長は、幹部以下の評価は幹部に任せて、調整や決裁に専念すればいいのです。

私もシステム経営を始める前は、評価制度を色々試し試行錯誤していました。そして自ら社員全員の評価をしていましたが、現場の社員一人ひとりを見ているわけではないので、どうしても評価の根拠が薄くなってしまいました。そのうち会社が大きくなるにつれて、採用面接でしか顔を会わせていない社員まで現れるようになり、社長が末端の社員まで評価することに限界を感じていました。やはり、現場を知らなければ、評価はできません。

しかし、システム経営で幹部に部下の評価を「丸投げ」することになってからは、現場に即した納得度の高い評価ができるようになったばかりか、社長である私の心理負担が軽減され、気持ちがとても楽になりました。

幹部だけが人事考課をすることに、「本当に大丈夫だろうか」と不安を覚える方もいるかもしれません。しかし、評価を任された幹部たちは、責任を持って部下を見るようになりますし、面談などを通じてこれまで以上にコミュニケーションを取るようになるので、意外にしっかりとした評価をするものです。

そして、何より責任感が芽生えた幹部たちは、これまで以上に経営意識を持って仕事に取り組み、急速に成長していきます。

最初は不安や抵抗があるかもしれませんが、思い切って幹部に任せることによって、社員も会社も成長していきます。

グループを結ぶ「連邦化」

セクト主義を防ぐ「連邦経営」

多角化を進めて事業部や子会社が増え、それぞれが独立採算で運営されるようになると、だんだんと各事業の縦割り化が進み、セクト主義に陥りがち。大企業や官僚組織によく見られるように、「自分たちの事業部さえよければよい」「他の事業部がどのような状況でもあまり関係ない」と考える人たちが増えてきてしまうのです。

それでは、多角化をしても、グループとしての総合的な力は発揮できず、それどころかお互いに足を引っ張るような事態を招くこととなります。

いくら全員参加の「システム経営」を導入していても、組織の縦割り化が進めば、それぞれの事業で起きるさまざまな問題に対処するために、社長は奔走することになり、よりハイレベルの仕事をしたり、ライフスタイルを充実させたりする時間がなくなってしまいます。

そこで、多角化や分社化に伴う事業部や子会社の増加によって縦割りの経営に陥らないように、柔軟性のあるグループ経営手法を取り入れる必要があります。

それが、「連邦経営」です。

連邦経営とは、持ち株会社と資本関係のある各関係会社全体をひとつの組織と見なして、グループ全体が効率的かつ効果的に運営されるように統制管理する仕組みのことです。

つまり、縦割り経営ではなく、横、斜めのコミュニケーションによって、複数の会社、複数の事業をひとつの会社のように運営する仕組みです。

私の連邦経営の発想は米国にあります。アメリカという国は、それぞれの州に一定の権限が与えられ、刑法や会社法などの法律なども異なっていますが、ユナイテッドステイツというように連邦制でひとつに束ねられています。外交、国防、大きな経済政策、その他重要事項の決定は国家で取り仕切っていますが、各州で消費税率が違うほど、地方に権限が委譲されています。

それと同じように、連邦経営は、持ち株会社もしくはグループ管理本部のもと、それぞれの会社や事業のトップに権限が与えると同時に、それらがひとつの会社のように機能することを目指しています。

当社の場合も、アメリカのようなしくみを意識して、持ち株会社とグループに「ヤマチユナイテッド」という名をつけて、連邦化をしてきました。プロサッカーチームにも○○ユナイテッドという名前が良くありますね。

グループ全体をひとつの企業のように運営する

私が、連邦化を推し進めるきっかけとなった出来事があるのでご紹介しましょう。前のほうで少し示した事例ですが、2004年、多角化を進めている最中で、拓銀山一証券破たんに代表される金融危機により落ち込んでいた経営も軌道に乗り始めていました。

当時の私は、山地ユナイテッドという持ち株会社のトップを務めると同時に、子会社である各社のトップを兼務しながら、それぞれの会社の経営会議に参加し、各社で必要と思われる重要案件に力を注ぐというスタイルでマネジメントしていたのです。

この方法は、うまくいっていると思っていたのですが、そのときの私は縦割り経営の弊害に気づいていなかったのです。

そんな頃、私がヨーロッパの出張から帰ってくると、ある事件が起きていました。私の高齢な親戚が経営する建築会社の従業員が、「社長のやり方についていけない」という理由で、役員筆頭に三十数人全員が辞表を出しました。全従業員に退社されたら倒産する同時に、多くの関係者に迷惑をかけることになります。

私はすこし迷いましたが、その会社の経営を引き継ぐことにしたのです。「火中の栗を拾う」心境でしたが、同時に「このピンチを乗り切るのは面白そうだ」という前向きな気持ちももっていました。

私は単独で会社に乗り込み、全社員と個人面談から入ります。「こんなやり方をしなくてもよいではないか」と会社に残ってくれるように説得しましたが、経営権をよこせの一点張りで聞く耳を持たない状態でした。

結局残ってくれたのはこんなやり方は良くないと思っていた5人だけでした。あとは新会社をつくり受注残を事前に移し辞めていきました。結局規模は小さくなりましたが、なんとか事業を継続することができました。

大変なのはそこからです。私自ら再建に奔走することになりました。得意先への説明に始まり、金融機関や仕入先への説明、大きく不足した社員の採用、フランチャイズ加盟など新しい戦略や資本政策など、次々と手を打っていきました。とても良い経験になりました。数年後最終的には私が社長をしているジョンソンホームズと合流し、そのせいもあり一気に事業拡大し成功しました。

このとき私が感じたのは、我がグループが縦割りになっているがために、シナジーとスピード感のある組織経営ができなかったことです。

今回のような会社の危機に際しても、他のグループ会社にとっては直接関係のないことなので、グループの幹部に応援を頼むことができる雰囲気がなく、指示したとしても普段から興味を持っていないのでうまくいかなさそうなのです。自分の力を過信していたこともあり、結局、私が孤軍奮闘する結果となってしまいました。再建の最中は、私ばかりの負担が増えてしまって、本来やるべき社長の仕事もできませんでした。このとき、こう思ったのです。

「もしグループ全体を普段からひとつの企業のように運営できていれば、幹部たちに協力してもらうことができ、もっと早く再建もできたのではないか」

こうした考えから生まれたのが「連邦経営」なのです。

それから私は、新たなグループ体制の構築に取りかかり、「グループ会社は、それぞれ会社は違っても、同じ大きなひとつの会社である」と宣言し、基本となる共通のルールや規定を整備していきました。

連邦経営をたとえて言うと、ビジネスという大きな海に、目的で結ばれているグループの船団が遠い目的地に向け航海している。その船団は大きな船や小さな船の集合体です。ときには新しい船が合流し船団は大きくなります。みなで助け合ったり、競い合ったりして、目的地を目指している……。

そのような船団であれば、たとえ嵐がやってきても、環境の変化に柔軟に対応して、無事に航海を続けることができるはずです。

「連邦経営」のシナジー効果は絶大

多角化の初期のうちは、縦割り経営の弊害は気にならないかもしれません。しかし、多角化が一定規模まで進んだら、連邦経営へと舵を切ることをおすすめします。

連邦経営を導入することによって、各事業間のシナジー効果が生まれ、①収益力が向上するばかりか、②人材もグループ間で有効活用できるので組織力の強化を図ることもできます。③新卒採用もグループでできます。

また、連邦化によって経営資源が集中化すれば、④財務力の強化にもつながり、⑤管理業務の効率化にもつながります。

グループに気心の知れたイベント会社があるおかげで、お客様向け夏祭りイベント、社員向け大運動会を簡単に企画実行できました。マーケティングスタッフが多い会社がグループの広告戦略を無償で手伝ったりします。

さらに、事業間でプロジェクトチームを作り、新規事業を生み出すことが可能になります。過去に、建材×注文住宅×インテリア＝住宅フランチャイズ本部、住宅フランチャイズ×デイサービス＝フランチャイズ本部、その他多くの共同事業が誕生しました。

グループ横断型組織をつくる方法

連邦化までの6ステップ

連邦経営システムを構築するには、どうすればよいでしょうか。
当社は連邦化に向けて、大きく分けて次の６つの組織の段階を経てきました。

①機能別組織
②事業別組織
③事業部別の分社化
④ホールディング経営体制
⑤グループ経営推進会議の設置

⑥グループ横断型組織

ここでは、連邦化のステップとそのポイントを見ていきましょう。

①機能別組織

会社のスタート段階では、社長の下に、たとえば「営業」「工事」「業務」「管理」などの各機能がぶら下がっているのが一般的です。最も基本的な組織形態であるといえます。

このような①機能別組織では、ひとつの事業に関する調整が複数の部門にまたがるために、意思決定を経営トップに集中させ、トップダウンで事業を展開することが多くなります。

会社の規模が小さいうちはトップダウンでも問題ありませんが、お客様や取扱商品が増えて、1社で複数の事業を抱えるようになると、トップが意思決定を待つことが多くなり、事業のスピードが低下することになります。

②事業別組織

こうした弊害を回避するために、経営の規模が大きくなるのに合わせて②事業部別組織に再編するのが一般的です。

社長の下に「A事業部」「B事業部」「C事業部」といった部門を置き、事業部内における権限を事業部長に与えるのが通常のやり方です。この場合、一事業部内だけを見ると機能別組織となっています。この事業部制組織は、多角化経営の第一歩目ともいえる形態です。

③分社化

組織の第3段階は、③事業部別の分社化です。

さらに企業が拡大すると、一般的に事業や地域などの単位で部門を組織から切り分けて、独立子会社を設立していくことがあります。

たとえば、当社の場合でいえば、本体であるA社が、A事業部だけを残し、B事業部とC事業部にそれぞれ100%出資をして子会社化。B事業部はB社、C事業部はC社として独立採算制を取ることになりました。

独立採算制を取ることによって、各事業の役割と責任が明確になり、それぞれが事業部の経営数値を伸ばそうと採算を追求し、結果、会社全体の利益が積み上がるというのがメリットです。また、事業部を分けることで、どこに会社の問題があるか一目瞭然になり、タイムリーに対策を打つこともできます。

ただ、一方で、この組織形態には、いくつかのデメリットがあります。

以前、当社は、もともとの主力事業だった建材商社・ハウジング山地という会社が、100%出資子会社である3社をグループ化した組織でした。

このとき感じたのは、親会社(ハウジング山地)は事業会社なので、役員幹部たちは、自分たちの事業ばかりに関心を寄せ、子会社に無関心になりがちだったことです。

また、子会社は資金的に困ったときに、親会社を頼りにし、甘い経営になりがちです。実際、当社でも子会社に資金の貸し付けを行っていました。

さらに、子会社の社員は、「どうせうちは子会社だから」と卑屈になり、プライドや主体性に欠ける社員を生みがちです。

④ホールディング会社をつくる

連邦化への第4段階は、④ホールディング経営組織です。

事業部別に分社化されていた会社の上にホールディング会社を設立して、持ち株会社制へと移行します。ホールディング会社とは、他の株式会社を支配する目的で、その会社の株式を保有する会社を指します。

事業会社が増えてきたら、持ち株会社化を検討することをお勧めします。

当社の場合は、A社（ハウジング山地）が創業以来から継続する歴史の長い会社なので不動産などの資産を持っていたこともあり、A社（ハウジング山地）の資産管理部門を切り離してホールディング会社としました。それにともない、社名もハウジング山地から、山地ユナイテッドへと変更しました。

そして、その下には、B社とC社のほかに、もともとA社が持っていた建材卸のA事業部を新A社（新ハウジング山地）としてホールディング会社の子会社とし、事業と社員全員が新A社に移動しました。

この段階では、会社間の連携はまだなく、縦割り経営の状態です。

ホールディング会社を設置するメリットのひとつは、「資本と経営の分離」を図れることです。ホールディング会社に株式や資産を集約することによって、各子会社が株主を意識した経営をするようになります。

　中小企業の多くは、出資者と経営者が重なるオーナー経営なので、社長とその親族が株式のほとんどを持っている場合が大半です。この場合、株主と経営の執行役を兼任しているので、どうしてもオーナー社長は株主配当などに対する意識が不足し、経営に甘さが生じてしまいがちです。

　しかし、上場企業がそうであるように、本来、株式会社は出資者である株主の目を意識し、できるだけ配当や利回りを多くしようと経営努力をするべきものです。

　そこでホールディング会社を設立し、資本と経営の分離を図ることによって、経営を行う子会社は株主を意識した経営をするようになります。

　当社の場合は、段階を踏んで、私が子会社の経営トップの座を離れ、幹部の執行役に経営を任せられるようにしました。つまり、私はホールディング会社の経営に専念することができる仕組みにしたのです。

　そして、各子会社は、ホールディング会社であり、株主である山地ユナイテッドに配当や経営指導料を出す仕組みにしたので、それぞれの経営に緊張感を持たせることができました。また、ホールディング会社は、不動産からの収入とは分けて、子会社からの配当金を管理し、出資や増資をする際は、ここから出すことをルールとしました。

ホールディング会社を設立して株式を集中管理しておくと、事業承継のときに何かと好都合だというメリットもあります。

オーナー社長が株式の大半を持っているケースで、それらをいつか相続で承継しなければならない場合、株式のオーナー権をホールディング会社にまとめておけば、相続もスムーズです。子会社の幹部や関係者に株式があまり分散していると、いざというとき買い集めるのも大変です。

もし相続相手である親族には経営は任せられないという場合でも、オーナー権だけを譲って、経営は非同族に任せるといった選択肢も取ることができます。

また、ホールディング会社に株式を集めておけば、株価をコントロールするのも比較的容易です。親会社が赤字で株価が下がれば、株式の相続もスムーズに行えます。

このようにホールディング会社によるグループ経営には、大きなメリットがあります。多角化によって会社や事業部が増えて、分社化によるデメリットが生じてきているようであれば、ホールディング会社によるグループ経営に切り替える時期といえるかもしれません。

⑤経営推進会議で横のつながりをつくる

先ほどお話ししたように、私はある段階からホールディング会社（山地ユナイテッド）の社長業に専念し、子会社の執行トップの座を、それぞれを統括している執行役に任せることにしました。

このような組織変更を行ったのは、資本と経営の分離によって緊張感のある企業運営をするという理由もありますが、社長である私に時間的余裕がなくなったことも大きな理由のひとつです。

当時の私は、複数の子会社の経営会議にそれぞれ出席していたので、その時間を確保するだけでも大変でした。社長の仕事は、大きな視点から戦略を描いたり、多角化のアイデアを発掘したりすることであるにもかかわらず、それらの時間を十分に確保するのがむずかしい状態になっていたのです。

もうひとつの理由は、縦割り組織の弊害が起きていたことです。それぞれの子会社は独立採算制で、別々に経営会議を行っていたので、自分の会社以外の事業についてては無関心という状態になっていました。

たとえば、B社とC社は事業もまったく異なるし、コミュニケーションの機会もないので、たとえC社が厳しい状態だとしても、B社はどこか他人事でサポートしようという意識が低かったのです。

そこで、私たちが取り組んだのは、経営情報を集約することを目的とした⑤グループ経営推進会議の設置です。

この会議には、私も含めた各社の役員、もしくは事業責任者、幹部クラスが選任され、月2回開催されます。取締役会のように商法で定められた決定機関ではないので、あくまでもバーチャルな経営推進機関ですが、グループ経営執行の最高決定機関として位置づけています。

それぞれの会社の責任者や幹部が一堂に会してグループ会社全体のことを話し合うので、お互いの事業を「知らない」ではすませられません。他事業のことを理解していれば、困ったときも助け合うという発想になります。

グループ会社全体の業績に対する連帯責任の感覚も芽生えるでしょう。

つまり、グループ経営推進会議は、縦割りだったグループに横串をさすことになるのです。

経営推進会議で主に話し合われるのは、主に次のような案件です。

・経営基本計画策定
・課長以上の高級人事
・新規事業、資産購入、資金調達など重要事項決裁
・各会社の経営システムやルールの改廃の承認
・関連会社、事業部間の各種調整
・グループ会社の経営計画進捗管理

このような重要事項は、合議制で決定されるのがルールです。つまり、個別に決裁を依頼したり、事前に根回ししたりすることを禁止し、必ず会議の出席者である複数の幹部の決裁を得ることを徹底しています。

以前は、私や特定の役員に対して、「こんな案を出す予定なので承認をお願いしま

す」と依頼してくる人もいたのですが、1対1の場面でこれを認めてしまうと、結果的に権限が集中してしまうという弊害があります。

また、グループ経営推進会議を設置する目的のひとつは、会社の役員や幹部にグループ全体の業績に対する連帯責任を取ってもらうことです。合議制の原則が崩れてしまうと、連帯責任の意識が希薄になってしまいます。

⑥グループ横断型組織をつくる

「グループ経営推進会議の設置」の段階までくれば、グループ間に横串をさすことができ、連邦経営もスムーズにまわるようになりますが、当社は、ここから一段上のレベルである⑥グループ横断型組織へと進化を遂げています。

これが今考えている一番よい組織の形です。

グループ横断型組織における大きな変化のひとつは、グループ経営推進会議の上に、「グループ役員会」を設けたことです。

これが誕生したのは、単純に事業部が増えたのにともなって、グループ経営推進会議の出席者が多くなりすぎたのが理由のひとつです。出席者が10人を超えると、合議制で議論をまとめるのに無理が生じてきます。

そこで、グループ役員会は、ホールディング会社の社長である私と、各子会社を統括するトップ、管理本部長の少人数で構成され、特に重要な案件が議論されます。ここで生まれた経営課題従来のグループ経営推進会議に下ろされて、さらに議論されます。また、グループ役員会の俎上に上がらなかった案件も、経営推進会議で話し合われることになります。

もうひとつの大きな変化は、各子会社や事業部の壁を乗り越えて、全社横断的な委員会活動や採用プロジェクト、その他テーマ別のプロジェクトが組織されたことです。

委員会については第4章でくわしく述べますが、それぞれの部門の社員が全グループ会社共通の課題に取り組むことによって、組織の壁を飛び越えたコミュニケーションが生まれ、グループの一体感が醸成されます。

つまり、グループ横断組織では、縦、横、斜めのさまざまな角度でのコミュニケーションが生まれ、一枚岩の強い組織になっていきます。これは連邦経営の大きなメリットといえるでしょう。

また、グループ横断型組織には、「グループ管理本部」を設置すると、何かと便利です。これまでは各子会社それぞれに管理部が紐づけられていましたが、グループ横断型組織では、従来の子会社の管理部を統括するポジションに、グループ管理本部を設けることによって、連邦経営という広い視点からグループ全体を管理することができます。

グループ管理本部の役割は、グループ経営推進会議のファシリテートをしたり、事務局を務めたりすることのほかに、重要決裁事項の事前チェックやグループの財務管理、統治制度設計なども大切な仕事です。

重要なのは、グループ管理本部は、どの事業会社にも属さないというポジショニングです。組織上、公正・中立の立場になるので、それぞれの会社に意見や指摘をしやすいというメリットがあります。

社長が直接いうと角が立つようなことなども、管理本部を通して伝えるようにすると、スムーズにことが運びます。

多くの会社は、これから多角化をしようという段階、あるいは多角化を進めている最中だと思います。その過程では、「子会社や事業をこんなに増やして、会社はうまくまわるだろうか」と不安を覚える経営者は多いかもしれません。

そのような経営者は、将来のビジョンとしてグループ横断型組織を頭に描いておくとよいでしょう。目指すべきビジョンがあると、多角化への迷いがなくなります。

グループキックオフを実施する

複数の会社や事業を抱えるグループを一体感をもって運営していくには、グループ共通の制度やルールを整備する必要があります。

グループ共通のビジョンを設定するのはもちろんのこと、グループの中長期計画の策定や、共通の業務管理や財務ルール、人事制度の整備、退職金制度の統一化、グループ横断型委員会やプロジェクトの設置などやるべきことはいろいろありますが、連邦経営のスタートを切るうえで欠かせないのが、グループキックオフの実施です。

当社の場合は、毎年、年度初めにグループ社員全員参加でグループキックオフを開催しています。

内容は、経営方針、経営計画の発表、各社の前年度実績や年間トピックスの報告、委員会活動の成果発表などです。

このようにグループの全社員が参加する会を開催することによって、グループの一体感を共有してもらうことができ、社員同士の交流の促進やモチベーションのアップにつながります。

グループキックオフを実施したあと、会場で全社員が並んで集合写真を撮影するのですが、毎年参加人数が増えていくのを見るのは、多角化・連邦化を進める経営者にとって幸せな瞬間です。

グループ運動会も実施

また、当社ではグループ合同の運動会を年に一度開催しています。「いまどきめずらしい」と思われるかもしれませんが、全社員が集まって、チーム別にさまざまな競技に挑戦すると、大いに盛り上がります。

これは委員会のメンバーが中心となって準備を進めるのですが、委員会のメンバーだけでなく、運動会に参加したメンバー間でも人材の交流やコミュニケーションの活発化が起こり、「自分はグループ社員の一員なのだ」という意識が高まるようです。

運動会もまたグループの一体感を醸成するための取り組みのひとつです。

運動会や社内旅行、飲み会などは、古い会社のやることと思われている会社も多いようですが、多角化経営、連邦経営を進める会社では、このようなグループ社員の一員であることを実感できる場は、とても意義のあることだと実感しています。

グループ横断型組織

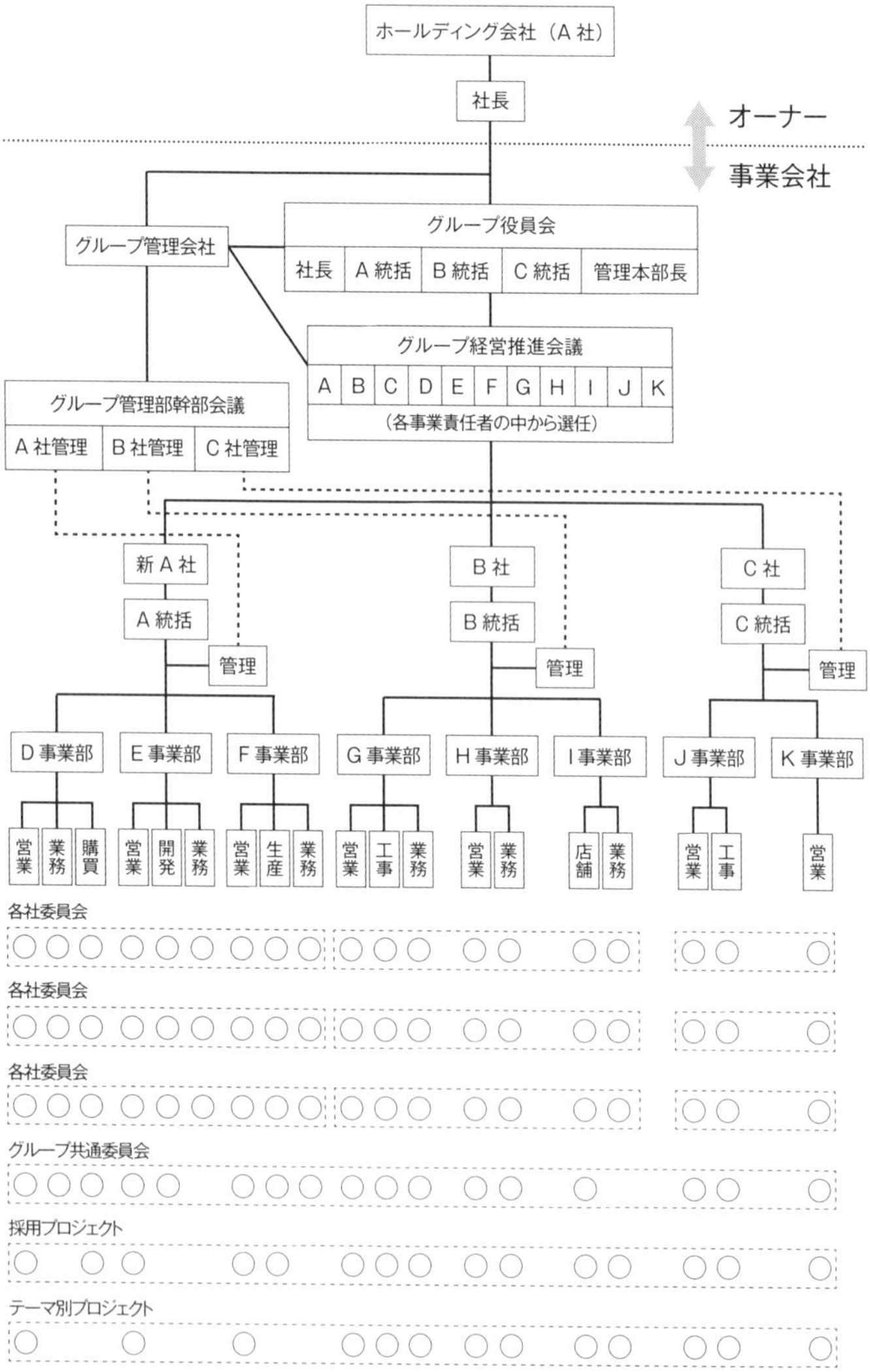
ホールディング会社（A社）
社長
オーナー
事業会社
グループ管理会社
グループ役員会
社長
A統括
B統括
C統括
管理本部長
グループ経営推進会議
A B C D E F G H I J K
（各事業責任者の中から選任）
グループ管理部幹部会議
A社管理
B社管理
C社管理
新A社
A統括
管理
B社
B統括
管理
C社
C統括
管理
D事業部
E事業部
F事業部
G事業部
H事業部
I事業部
J事業部
K事業部
営業 業務 購買
営業 開発 業務
営業 生産 業務
営業 工事 業務
営業 業務
店舗 業務
営業 工事
営業
各社委員会
各社委員会
各社委員会
グループ共通委員会
採用プロジェクト
テーマ別プロジェクト

4 多角化の「人材戦略」

THE HUMAN RESOURCES STRATEGIES FOR DIVERSIFICATION

企業は人なり

私は一緒にいて楽しい人と仕事をするためにビジネスをしているようなものです。それは明るくて、前向きで、意識の高い人たちです。そのために取り組むビジネスを吟味したり、採用や人材育成に力を入れています。

多くの経営者のトップクラスの悩みは人の問題です。良い人が採用できない、定着しない、社員の能力が低い、幹部人材がいない、後継者がいない等々。でも新規事業を始めて、事業多角化することで、これが解決するとしたらどうでしょうか。すごいことですよね。

多角化が会社のイメージアップになり、採用にプラスになり、人材が加速的に育ち、後継者も引き寄せられるとなれば、本当にいうことなし。これからその戦略をじっくり述べていきます。

まず「社員満足度調査」をする

最初に取り組んで欲しいこと、それは現状認識です。すべての改革は改善課題の認識からです。人材が育つ、辞めない組織の会社にしたければ、まずモラールサーベイ（社員満足度調査）をしましょう。これは組織や職場に対して社員がどのぐらい満足していて、不満や問題意識をどのぐらい持っているのかを調査することです。改善テーマがわからなければ、改善計画の実行ができません。モチベーションを維持できる制度をシステムとして構築していくのが狙いです。

そのような調査は、普段顔を見ていて特に不満もなさそうだし、もしくは不満はあるだろうが仕方がないレベルであると、案外やらないものです。私たちは実践塾を受けていただく前に、まず当社の調査フォーマットを差しあげて、社員全員のモラールサーベイをやってもらいます。そうするとたいてい塾生の社長はがっかりします。満足度が想像していたより悪いからです。それだけ社員と社長の意識は違うということを理解するのがスタートです。色々な会社がモラールサーベイツールを販売していますのでやってみてください。

当社では、毎年モラールサーベイ調査を、全従業員を対象に実施していて、その結果や推移を分析しています。調査項目は「チームの雰囲気について」、「仕事の満足度や適性」、「給料や処遇」、「会社全体の評価」、「上司との関係性」というテーマがあり、5段階の点数で自己評価してもらいます。

この調査をすると、その人にとっての組織の改善課題がわかります。さらに本人の人間関係の悩みや会社に対する不満、自分の課題がわかるようになって、個人面談やフォローの必要性がわかりとても役に立つのです。

また、モラールサーベイ分析を行う際には、同時に自由意見も収集します。会社に対する辛辣な意見を書いてくるケースがありますが、それらをまじめに受け止めて、解決すべき課題として経営計画に落とし込み、会社を良くしていくのです。

自己申告制度をはじめる

当社は、モチベーションをキープするために、モラールサーベイと同じタイミングで、社員全員に「現在の仕事の満足度」、「今後の配属希望」、「健康状態」などを申告してもらっています。それが自己申告制度です。

どんな組織でも、全員が適材適所で輝いているということはありません。なかには今の職場でくすぶっている人もいるはずです。前向きで明確な配属希望がある場合には可能な範囲で対応を検討するとよいでしょう。多角化経営をしていると、様々な職種や事業があるので、現在くすぶっている人材でも、活躍できる職場に配置転換の可能性があるのです。また、健康状態がよくない、組織になじめていないといった気になる兆候がある人に対しては、個別に面談するなどの対応を取ります。

この自己申告とモラールサーベイであがってきた個人別の情報については基本的に社長のみ、もしくは役員会メンバーや上級幹部のみで共有したほうがよいでしょう。そしてその旨アンケートに記載しておかないと、直属の上司に見られるのではないかと思って、嫌なことを書かなくなってしまいます。

面談制度をつくる

従業員のやる気維持は業績に直結します。そして定着率アップ、能力アップのために絶対お勧めなのは「面談制度」です。

業績評価のフィードバック面談はもちろん、ほかにも面談の機会を増やすことが大切です。面と向かったコミュニケーションを通じて、お互いに本音をいえますし、相互理解も深まっていくものだからです。コミュニケーションがよくできていないばかりに、ボタンのかけ違いが起きて、うまく組織になじめない、活躍できないことはよくあります。

たとえば、当社には里親制度というものがあります。これは新入社員一人につき先輩社員が一人「里親」としてつく制度で、毎月の面談を通して、新人ならではの悩みなどを聞いてあげます。また、星取り制度というのもあります。これはどんなスキルアップをするかを上司と部下の間で決めて、定期的にその進捗具合を面談で確認する仕組みです。

面談はついついやらなくなりがちなので、会社として仕組みをつくり、必ずやってもらいます。仕組みとは、月に一度なのか2週に一度なのか、誰と誰がやり、どんな目的で、どのような内容でやるのか、誰が実行を管理するのかを決めることです。そうしないとその機会がとてももったいないことになります。仕組みがないと目標や成果の確認や指導、アドバイスだけになってしまします。そうではなくコーチングの要領で相手の課題を傾聴、共感し、答えを出すのを助けたりして楽にしてあげるのです。家庭の問題で頭がいっぱいなら、仕事の生産性にも響きますからやる価値があります。さらに本人の心の病気を防ぐ意味もあります。面談制度はとても重要ですから必ず導入してください。

最強の仕組み「委員会」

人材育成が一番の悩み

「多角化をしたいけれど、うちには適当な人材がいない」という悩みの声を聞くことがあります。当然ですが多角化をすれば、その事業を任せられる人材が必要になります。経営者がすべての事業の執行責任者をすることはできませんから、既存事業を任せて、自分が新規事業を立ち上げるにしても、既存を任せる人材がいります。多角化が進めば進むほど、経営幹部の育成が必要なのです。人材育成は多角化経営の一番の悩みどころであり、避けては通れません。

委員会で経営に参加してもらう

私が絶対にお勧めしたいのは、社内に「委員会」という組織をつくって、全社員に経営を分担してもらうことです。当社では、管理職を除く社員全員が、いずれかの「委員会」に参加しています。つまり本業の業務と委員会活動の一人2役を務めているのです。これは人材育成には威力抜群です。

「委員会」は5〜10人ほどのメンバーで構成されます。取り組むテーマは、経営課題のなかで会社をよくするのに「重要だけれど、緊急ではないもの」が中心です。委員会ごとに定期的に会合を開いて、会社に活動計画や改善案を提案し、承認されたものは実行に移していきます。もちろん必要に応じて活動予算もつけます。

委員会活動により課題が解決するばかりか、委員会幹部やメンバーが課題解決の手法やチーム運営、リーダーシップを学ぶことになります。つまり新規事業ができる幹部人材の育成にもなっているのです。

委員会のメリット

こうした委員会活動をやることにより、いくつかのメリットを得ることができます。一番は、後回しになっていた経営課題が順番に片付いていくことです。経営者は経営上最重要なことで急ぐことに目が行ってしまい、やらなければいけないことでも、ついやらないテーマがあるものです。それを委員会は面倒がらずに愚直に取り組んでくれます。そうするといつの間にか会社が改善されていくのです。

2つ目、委員会の仕組みを取り入れると、「バックオフィスの仕事が増えない」というメリットもあります。委員会では経費削減、社内美化から人材育成まで、本来ならバックオフィスで取り組むことが多い経営課題を解決していくことになるので、直接的な利益を生まない間接部門が肥大化することを防ぐことができます。

3つ目、社員がよい会社づくりに自主的にかかわることを通じて、人材育成が進むことです。若手が委員長になれば、自分よりも社歴が長い、年上のメンバーの上に立たなければならないため、リーダーシップやフォロワーシップを学ぶ絶好の機会になります。

また若手にとって委員会は、新鮮な他部署の人と交流したり、会社の仕組みを覚えるチャンスでもあります。委員会で知り合い結婚した例があります。

新規事業で多角化経営を進めるには、アイデアを自分で考え、行動する、予期しない出来事に柔軟に対応する人材が必要になりますが、上司から言われたことをこなす仕事ばかりでは、受け身の人が増えてしまいます。その点、委員会での活動は、上司の指示を待つのではなく、自主的に動くのが基本なので、自分で考えて実行するような若手が次々と育っていきます。

当社の視察に来た方々に「積極的な社員さんが多いですね」とよくいっていただけるのは、このような「多角化人材」が委員会を通じて育つからだと思います。

仮に委員会の活動が失敗しても、事業ではありませんので、経営に大きなダメージを与えることはありません。だから、若手にとっては絶好の実験、訓練の場になるのです。委員会を人材育成の場として積極的に活用するとよいでしょう。

会社の業績貢献、間接コスト削減、経営者の負担軽減、社員のやりがいと成長すべてが手に入る素晴らしい仕組み、それが「委員会」なのです。是非チャレンジしましょう！

委員会のやり方

最初は経営者や幹部が考える経営改善課題のなかから委員会テーマをリストアップします。委員会の仕組みが定着すれば、いずれは社員の間から主体的に「こんな委員会をやりたい」という声が上がるようになります。委員会メンバーは指名するか、希望アンケートなどで割り振ります。導入初年度だけ、メンバーのなかに幹部を入れ、委員長として、すすめかたの土台をつくるのがよいかもしれません。慣れてくると、当社のように自薦他薦で「委員長」になれますので、新卒入社2年目の若手が委員長になるケースもあります。

人材を育てるという意味では、幹部は委員会活動に参加しないことを原則にしています。「顧問」「オブザーバー」という立場で役員や幹部クラスが相談に乗るくらいはよいですが、委員会を仕切って「これをしなさい」「これはダメ」などと指図を始めると、途端に「やらされ感」が生まれ、委員会メンバーはやる気を失ってしまいます。自発的で参加するのが楽しい状況にして「余計な仕事が増えた」「自分の仕事ではない」という気持ちを払拭しなければ、委員会制度は根づきません。

委員会と本業務の両立

委員会テーマはよほどむずかしい内容以外は、経営課題解決をテーマにできるものです。ただこのようにいうと、「委員会の負担が増えると、利益を出すべき本業がおろそかになるのでは」と心配する人もいます。もちろん、本業がおろそかになっては本末転倒ですが、委員会にかける時間を、業務全体の5％程度と決めるとよいのです。

現実的なことをいえば100％の時間すべてを、本業務だけにあてていると案外退屈するものですし、ずっと集中して仕事ができているわけでもありません。であれば、全体の時間の5％くらいを委員会にあてれば、気分転換になり本業でも100％のパフォーマンスを上げられるのではないでしょうか。

定着するコツとしては、毎月の経営会議のなかで報告時間を取るとよいでしょう、たとえば一委員会5分とかです。委員長や副委員長に一カ月の活動や成果を発表してもらう場を設けて、経営幹部たちは活動や成果を意識的にほめるとよいと思います。

また、年に一度のグループ全体のキックオフ（経営計画発表会）でも、委員会の一年の活動報告、来期の活動予定などの時間を設け、委員会の重要性を植え付けるのもよいでしょう。

実は委員会を始めた当初、少額ですが委員長などの手当を付けました。その手はあると思います。当社の場合何年かしてその必要の有無を調査しましたが、委員会が定着してからは、あまり必要ではないとの声が多かったので、今は委員会の役職がついても手当は付けていません。彼らのモチベーションはお金ではなく、経営参加意識、役割の達成感や称賛、評価が原動力となるのです。

委員会の成果をあまり早い段階で求めるのはよくありません。委員会はボトムアップの活動のため、すぐに目に見える大きな成果が出ないこともあります。委員会自体を確実に根づかせていくのも目的なのです。委員会のメンバーが自分たちで納得し、楽しみながら進めていくことで成果が徐々に出るものです。急速な成長や大きな成果をすぐに求めてしまうと、委員会制度自体が破たんしてしまう可能性があるので注意してください。とにかくやり続けることです。

また、委員会を業務時間内にやってもらうのも不満が出ないコツです。委員会のメンバー間で時間調整して時間内に会議ができるようにしてあげてください。多角化を進めている企業はもちろん、そうではない企業も委員会は大きなメリットがあります。ぜひ導入を検討してみてください。

委員会立ち上げのコツ

まずは立ち上げやすい委員会からスタートするのが成功のコツです。私がお勧めするのは、社員満足系の委員会。当社では「社員満足委員会」という委員会があって、社内イベントや交流会、懇親会などの企画と運営を担っています。要は、飲み会や社員旅行、花見、レクリエーションイベントなどの企画を実施してもらうのです。会社の予算をつかって、社員たちが自ら楽しめるようなイベントを企画するわけですから、自主的にかかわってくれるでしょう。

飲み会などの社内イベントの場合、各部署から「楽しいこと大好き」タイプの社員を合計5～6人集めれば、とりあえず委員会をスタートさせることができます。このように立ち上げやすい委員会で実績をつくり、その効果を実感した後だと、そのほかの委員会も増やしやすくなるはずです。

当社では、グループ合同大運動会、大懇親会を委員会で開催してもらいます。若い人が多い場合スポーツ系は人気があります。スポーツ大会でヒーローが誕生するかもしれません。従業員の家族をご招待するイベントなども喜ばれると思います。家族の職場訪問やバーベキュー大会もよいですね。意識して従業員懇親イベントを増やす場合、委員会を2つにして負担を減らす方法もあります。なおその際の楽しい写真をたくさん撮っておくことをお勧めします。いずれホームページや採用活動イベントに大変役立つと思います。

委員会を通じて、よい会社づくりに自発的にかかわることの楽しさを社員に知ってもらうと同時に、経営陣がその活動を評価したり、称賛してあげたりすることもメンバーのモチベーションの維持につながります。

「委員会」のテーマを選ぶ

「委員会」のテーマはいくらでもあります。基本は経営課題の解決です。ここではそのうちのいくつかを紹介しましょう。

「収益管理委員会」これは少しレベルの高い委員会です。毎月の業績結果を分析し課題を経営層に提案するのです。これをやることで経営に対する知識や意識レベルが上がりとてもよい勉強にもなります。経営幹部もその資料から見過ごしがちな課題を発見したりできます。次世代経営者候補を委員会メンバーに入れるのもよいでしょう。

「社風改善委員会」これもレベルが高いヤツです。モラールサーベイなどで取り上げられた経営課題などを研究し改革していくのです。やりがいがありますね。

「人材育成委員会」では、「内部の力で社員を成長させる」をテーマに、自社で企画実施します。採用内定者向け研修の企画・実施のほか、新卒入社・キャリア入社社員向け研修の実施、知識やスキルアップのための社内勉強会などを開催します。

「経費削減員会」では、会社のムダをなくすことを目的に経費削減の啓蒙活動のほか、経費削減に向けた改善アクションを行っています。当社の事例としては、社屋の照明をＬＥＤに変えることによって、月間３万円、年間36万円の節約を達成したという実績があります。

「みえる化委員会」は、業績やデータなど会社の情報や、スローガンをわかりやすく示したポスターなどを作成して貼り出すなど、みえる化による業績アップ活動をしています。

「クリーン委員会」では、社内外の清掃活動の推進やオフィス内のクリーンパトロールを実施しています。通常は総務部長などが社内をまわって、「ここが散らかっているから片づけなさい」などと指導するのが多いと思います。この場合、社員に「やらされ感」があるため、いくらいっても改善されず、「いたちごっこ」になりがちです。しかし、委員会が活動にすることによって、社員たちが自主的に環境の美化の仕組みや啓蒙活動をしてくれます。

委員会でこんなこともやる

「顧客満足委員会」では、お客様向けのイベントを企画するほか、電話対応など接遇・サービスの向上につながる活動を行ったりしています。たとえば、当社で住宅を買われたお客様を無料でバーベキュー大会やクリスマスパーティーに招待するといった取り組みも顧客満足委員会の発案で始まったものです。

一般的に、住宅不動産会社は家やマンションは売ったらおしまいで、それ以降、お客様との接点はなくなってしまいます。しかし、当社の場合は、こうした顧客満足につながるようなイベントを積極的に企画・実施しているため、家を建てた後もお客様に喜んでいただく機会にしています。

イベントを通じて、お客様同士の交流が生まれたり、お客様が知人に「家を建てるなら感じのよい会社がある」と紹介してくださったりすることがあります。当然それなりのコストとエネルギーはかかりますが、顧客満足委員会では、お客様に喜んでいただくことにフォーカスしているので、コスト以上のプラス効果をもたらしてくれます。

「ライフスタイル委員会」のなかには、学校の部活のような活動もあります。当社の住宅部門は「住んでからの幸せ」という意味のミッションを掲げて、家そのものだけではなく、住んだ後のライフスタイルも提供することをモットーとしています。しかし、それを提供する自分たちのライフスタイルが自慢できるものではないと気付き、なんとかしようと生まれた委員会です。

委員会のメンバーは、農園を借りて農業し、収穫祭をお客様と楽しみました。美味しいコーヒーを淹れられるかを研究しコーヒー部をつくりました。キャンプ、釣り、サウナ、の部活を始めたりして日々研究実践しています。その活動はYouTube（ジョンソン暮らしチャンネル）にアップしています。

グループ経営も「委員会」でつなぐ

委員会のもうひとつのメリットは、部門を超えてメンバー編成をすることで、組織に横串を通すことになります。これは多角化が進めば進むほど、意味を持ってきま

当社委員会の事例

社員満足委員会（ES）
ハッピーカンパニー委員会
顧客満足委員会（CS）
経費削減委員会
グリーン委員会
Info 委員会 (社内報)
視える化委員会
社員スキルアップ委員会
ヤマチアカデミー委員会
楽しい職場づくり委員会（チームハッピーライフ）
暮らしを遊ぶ委員会（ライフスタイル）
楽しい家づくり委員会（スマイルプロジェクト）
住んでからの幸せづくり委員会（ワンライフ）
キレイな職場づくり委員会（B-company）
共有化できる会社づくり委員会（見える化）
協力業者の幸せを考える委員会 (ジョンソン会)

マネジメント特別委員会
新卒採用プロジェクト
内定者研修プロジェクト
広報プロジェクト

チームワーク委員会
品質向上委員会
環境整備委員会

す。多角化によって事業が分かれて縦割りの組織になり、「自分の事業さえうまくいけばいい」、「他の部門が何をやっているか知らない」というのが当たり前になっていきます。そうすると他部署が困っていても応援できない、人事異動もしにくい会社になります。委員会は様々な部門から横断的に人が集まってきます。単純に他の部署の人と交流するのは楽しいですし、お互いの部門のこともよくわかるため、社員のなかに全社意識が芽生えてくるわけです。

さらに部署間だけでなく、企業グループ間の委員会をつくることで、ますます横の連携が活発化します。各グループ会社をひとつの会社のように運営する「連邦経営」をうまく運営するには、グループ横断の委員会は重要です。

たとえば「グループ広報委員会」を立ち上げるとよいでしょう。中小企業でも外に向けた広報をする会社は多いですが、内部向けの広報は後回しになりがち。総務部が社内広報を担っている会社もありますが、せいぜい人事情報の発表くらいしかできていないのが実状です。

そこで、「こんな事業がスタートした」「こんな活動をしている人がいる」といった社内向けの情報を発信する委員会を立ち上げるのです。紙ベースでもイントラネットでもかまいませんが、「社内で何が起きているか」を伝える仕組みがあると、多角化が進んでも、グループとしての一体感を保つことに役立ちます。

「グループ交流イベント委員会」は、先ほども伝えましたが、当社はグループ社員ほぼ全員参加の運動会をしています。このようなグループ会社をつなぐイベントは価値があります。どんなグループ間交流ができるかを考えてください。

多角化のための採用戦略

新規事業のため採用する

新規事業を始めるには人材が必要です。事業内容にもよりますが、まず既存の事業から1人2人抜けないかを考えます。既存事業の規模にもよりますが、その部署から人が減ると1人当たりの生産性が上がりますので悪い事ばかりではありません。その人材は社内に残り退職するわけではないので、引き継ぎ時間を少し長めにするなどして、仕事の合理化をするきっかけになるかもしれません。人が減り仕事を減らして、時間がかかる仕事をデジタル化したりします。

社内から異動する場合、好奇心があり、新しいことにチャレンジするのが好きな性格、何かを企画するのが好きな人材を発掘するとよいと思います。いわゆる0→1タイプです。当社でも幹部にそのようなタイプがいて一緒にいくつも事業を立ち上げました。立ち上げた後は1→10タイプに引き継いで行くのもよいと思います。

社内に新規事業責任者候補がいない場合は、人脈をたどり採用します、仕入れ先などに聞くと案外情報があります。普段からこの人はよいなと思う人に出会ったときは、「今度新しく面白い事業を始めるときは声かけるのでよろしく。あははは」と冗談のように誘っておけばよいのです。その時が来たら連絡してみる。本当に欲しい人材はその時でなくとも、折に触れて一緒に仕事をしたいと伝えておけば、相手が何かのタイミングで転職を考えているときに、思い出してくれるのです。このように日頃の声掛けは大切です。私はこれで成功している社長をたくさん知っています。

さて広告で募集するときは欲しい人材像をきちんと考えておきます。性格、能力、経験、年齢などです。考えにくいときは、今在籍中の活躍している社員を思い浮かべてあてはめると考えやすいです。

ちなみに私は能力よりも性格を重視します。多少能力が低くとも、意識が高くてやる気のある人は、育成しやすいし成長が早いからです。採用広告を出すときはそのような人物に響く、広告のキャッチコピーやビジュアル表現をします。

採用のためビジョンやミッションを整備する

企業のイメージを上げる「ブランディング」は業績のためだけでなく、採用活動に必要です。会社によいイメージを持ってもらえれば、よい人材が応募してくれる確率が上がります、では多角化企業はどのようにブランディングするとよいのでしょうか。

多角化経営をしていると、ターゲットに合わせて個別の事業をアピールします、その一方で、グループ全体としてのブランディングも大切だと考えています。グループの一貫性がないと、「何でも屋ではないか」「思い付きで、いろんなことをしているのでは」といったマイナスイメージになる可能性もあります。

そのためにまずは、ビジョンやミッションを明確にすることです。当社の場合は、「THE100VISION」というグループのビジョンを一貫して打ち出し、それが採用のブランディングにも貢献していると考えられますが、意外にビジョンやミッションをつくっていない企業が多いようです。仮にあったとしても、飾ってあるだけで誰も見向きもしない、社員が存在さえ知らない、という場合は、ビジョンやミッションが無いに等しいでしょう。それをブランディングに使うのはむずかしいでしょう。

なお、ミッションなどを作成するときは、社長からトップダウンで下ろしたものは、部下に浸透しにくいものです。ミッション作成プロジェクトを組織して、できるだけ多くの社員がミッション作成にかかわるようなプロセスにする。そのような過程を経なければ、現場で実践される生きたミッションにはなりにくいものです。

住宅会社のミッション事例

当社の例になりますが、「ジョンソンホームズ」では「いつまでも続く自分らしい幸せな暮らし」というミッション、私たちは家を建てるだけでなく、住んでからの幸せを届ける会社である、ということを掲げています。そしてそれを浸透させるために、ミッションミーティングと呼ばれる会を定期的に開催しています。経営者と社員が自分たちのミッション、バリューをテーマに話し合いをして、確認し、その理解を深めているのです。

こうしてミッションが腹に落ち、行動に落とし込まれれば、目先の売上のためだけに家を売ろう、と考えることはなくなりますし、家を買ってもらったあとのアフターサービスに力を入れよう、といった発想に変わります。

こうしたミッションにもとづいて社員が行動することは、「あの住宅会社は、お客さんのことを考えて提案してくれる、なかなかよい会社」といったイメージになり、採用のブランディングにもつながります。

多角化企業の採用ブランディング

グループとして採用広告を展開する際も、全体としてのビジョンやミッションが明確で、個々の事業のミッションとの一貫性があれば、なおさら採用ブランディングにつながります。

採用のためにブランディングをする具体的な方法としては、グループのホームページなどで一貫性のあるメッセージを伝えることです。当社の場合は、グループ各社のホームページに多角化経営や、グループ企業一覧、グループメッセージを打ち出すなど、グループ各社の個性だけではなく、統一感が伝わるように工夫しています。

また、採用専用のホームページを設けるのも、採用ブランディングの面では大切なことです。当社に興味を持った人は、最初に採用ホームページをチェックするからです。採用ホームページを作成するポイントは、理念を伝えるとともに、若手社員の写真やイキイキと働いている雰囲気の写真をたくさん使うことです。応募者に対して近い将来の自分をイメージさせることができれば、興味と親近感を抱いてもらえます。

グループとしてのロゴをつくり、グループのキャッチコピーを考えます。さらにグループのコーポレートカラーを決めます。会社や事業のイメージで色を選ぶとよいです。ビジネスの信頼感ならブルー系、元気情熱系はレッド、自然サステナブル系はグリーン、かっこよくならブラックなどでしょうか。ちなみに当社はブルーです。

新卒採用で意識革命を起こす

新卒採用にチャレンジする

中小企業の経営者のなかには、新卒採用について否定的な考えを持っている人が少なくありません。「当社に新卒が取れるわけがない」「すぐやめると聞いている」「戦力になるのに時間がかかる」。それらはすべて先入観です。

実際、当社の場合は会社が30人の弱小企業の時から毎年新卒採用を続けていて、やり方次第で必ず取れますし、なかなか辞めません。そして辞めないように会社の仕組みが整備されていくという副次的効果もあります。配属先の仕事内容にもよりますが半年もすると戦力になり、2年目でベテランをしのぐ成果を出すようにもなります。当社はここ10年毎年15~20人前後の新卒を採用しています。メリットがありすぎて、よほどのことがない限り新卒採用をやめる気になりません。

極端にいうと、新卒採用をするために事業を拡大させてきたのです。それほどに新卒採用を重要視しているのです。これからメリットを詳しく述べていきます。

なお自慢になりますが、地元の就職人気企業ランキングで当社は今年度第10位となりました（日本経済新聞）。ベスト30位の会社はほとんどが有名大企業です。学生にとってある意味無名のヤマチユナイテッドが採用活動次第では、有名大企業に勝てるという証明ではないでしょうか。新卒採用はできるんだ、という意識革命を起こしましょう。

新卒のほうがキャリア（中途）採用より優秀である

新卒が優秀な理由。毎年教育はアップデートしていて、10年前20年前より進化した教育を受けているし、世のなかが進歩しているので、そのなかで育った学生は優秀なのです。デジタルネイティブ世代なのでその活用では既存社員、キャリア募集で来る年齢が高い人よりはるかに優秀です。転職する人にも優秀な方は多いと思いますが、そんな方は市場に出る前に縁故でよい会社に採用されてしまいます。

入社した時キャリア採用者は社会人としての立ち振る舞いが出来ているので優秀人材に感じますが、そんなことは新卒でもすぐできるようになるし、すぐ追いついて追い越してしまいます。とてもいいにくい事ですが、仕事がうまくいかなくて転職市場に出てきた人材が、御社で大活躍する可能性は低いと思います。

新卒は育成次第で大活躍、大幹部になる可能性が高いのです。これまたいいにくいのですが、能力主義人事の当社グループの幹部は、ほとんど新卒からのたたき上げか、第二新卒レベルのキャリア入社、新事業創業期のキャリア入社ですが、そのなかでも新卒が80％ほどを占めています。もちろんえこひいきではありません。それだけ新卒入社社員はポテンシャルが高いのです。

新卒採用市場では中小でも大企業に勝てる

新卒採用市場はビジネスに似ています。マーケティングなのです。大手だから商品が売れるのではなく、ターゲットを絞り、当社の売りを際立たせ、効果的に伝える。

そうすると中小でも売り上げが上がります。新卒採用も同じで、ターゲットの学生は大企業志向でなく、中小でもよいので自分らしく活躍したいと思っている学生、転勤のない地元で働きたい人はたくさんいます。

学生にとって自社はどのように見えるのかを考え、改善すべきところを改善し、学生に響くだろう強みを磨いて強調するのです。どの会社も強みは必ずあります。ヤマチマネジメントは採用のためのブランディングの仕事もしているのでわかりますが、やった後びっくりするような実績をすぐに出す企業が多いのです。

効果的に伝えるというのは、学生には就活のパターンがあり、そのパターン攻略のプロ、つまりマイナビやリクナビに代表される就活媒体というのを活用するのです。インターンシップや合同企業説明会で学生を集客し、自社のオンライン、オフラインの企業説明会に来てもらうのです。その出会いから選考なり入社に結びつけるのです。

学生は安定志向ではなく、この会社で働くことが自分のやりたいことにつながるのか、活躍して認められるのか、仲間になる人が感じよくて、楽しくやれるのかを気にします。資本金、年商、社員数、給与など企業規模を気にする人ばかりではありません。逆に少数派だと思います。

キャリア採用にもよい影響がある

若手のキャリア（中途）採用をしたいと思ったとき、新卒採用の活動が活きてきます。新卒採用のとき採用担当や社長は学生に会社説明のプレゼンをします。学生に対して何度もするので、徐々に無駄がそぎ落とされて内容が洗練されていきます。採用担当者も堂々と、自信を持って話せるようになっているので、キャリアに対しても好印象です。

また新卒就活生向けにホームページを整備します。それをキャリア採用検討者も見ますので相乗効果があります。学生時代に就活で名前を聞いたことがある企業、または会社説明会に行ってとてもよい印象だったとすると、応募してくれる可能性があります。当社もそんな方が多く、何人も入社してくれました。その意味で学生は未来のキャリア採用の応募者でもあり、もっというと当社の商品を買ってくれるかもしれない、未来の顧客なのです。そこを採用担当者に理解してもらい丁寧な対応をしてもらうとよいでしょう。

新卒採用は効率がよい

新卒一括採用に対して古い、つまり欧米のようにジョブ型、通年採用にしようという議論がありますが、今のところ現実的ではありません。仮にそうなったら失業者であふれてしまうでしょう。一括採用は学生にすると就活しやすいシステムだし、企業にすると採用してから教育しなくてはいけませんが、採用活動や教育をまとめてできるという効率の良さ、そして定着率が高いという良さがあります。ジョブ型通年採用にはそう簡単にはならないと思いますが、万が一そうなったら、そのように対応すればよいだけなのです。そこで先に行かないほうがよいでしょう。

当社の場合ですが、一括採用して入社までの期間、自社でアルバイトや入社前研修に出てもらいます。入社後も一年近く、毎月丸一日集合研修を行います。先輩もOJTで丁寧に教えてくれます。そうすると会社や仕事に対する知識や取り組む姿勢、企業理念が身についてきます。会社や同期の仲間をもっと好きになり辞める理由がなくなります。定着率も高くなりいろんな意味で効率が良くなるのです。

新卒で会社が進化する

新卒採用をすると、いろいろな面で会社がよくなります。役員や経営幹部の意識が高まり、「新卒採用をするからには、優秀な新卒が入ってくれるような会社に変えよう」という目標ができます。そうなると社員の意識も「もっとよい会社するために頑張る」というように変わり業績にもよい影響が出ます。後輩が入ることで若手が成長する例は本当に多いのです。

また、会社の環境整備の面でもメリットがあります。新卒社員の採用活動をすると、外からの目が気になります。たとえば、面接時に学生が会社にやってくることになれば、素敵なラウンジをつくり職場をかっこよくしたり、玄関やトイレをキレイに改造したりといった改善につながります。

また、小さな会社だと就業規則等がきちんと整備・運用されていないことがありますが、新卒採用をすればいやでも就業規則をはじめ、規定ルールを整備する必要が出ます。たとえば、サービス残業の多い会社では、新人は定着しにくいので、「効率的に仕事をして残業を減らそう」という取り組みが生まれるかもしれません。他社と比べてみて、初任給や休日数を意識するようになります。このように新卒採用をすることによって、一段よい会社へと進化させることができるのです。では具体的にどうすればよいのでしょうか。

毎年1人でもいいから新卒採用する

新卒採用は、今まで伝えたようにそれ自体でメリットがあります。事業環境によっては新卒を採用するのが苦しい時期もあるかもしれませんが、できるかぎり毎年1人、2人ずつでもかまわないので、新卒を採用することをお勧めします。

毎年後輩がつながることで先輩の成長につながるからです。少人数の場合マイナビなどの大手媒体は高くつきますので、地元の中小の採用媒体、中小企業同友会や商工会の合同企業説明会は相当安くつきます。そして春採用が空振りなら秋採用もあります。

学生は意識が高くて早く活動する人ばかりではなくのんびりな人もいます。体育会系で部活のため秋に動き出す人もいます。大手しか受けずに全部落ちて、4年生の冬に再活動する大学生もいます。企業にとってチャンスは何度もあります。一年やってダメでも、改善して翌年やればぐっと確率が上がります。とにかく新卒採用はやらないと始まらないのです。

トップ自らビジョンを語る

システム経営では、社長は幹部や社員に仕事を任せるのが目標ですが、ビジョンを語るのは、トップ自らがすべき重要な仕事です。したがって、社長は会社説明会には参加して、自ら会社のビジョンを学生に語らなければなりません。口下手だといっている場合ではありません。中小企業の場合、大企業に比べて知名度や待遇などの面で不利なのは事実です。それでもなお「この会社で働きたい」と思ってもらうには、社長がビジョンを語るのが学生の心に最も響くのです「この人と一緒に働きたい」と思ってもらうには何を語るか研究するのです。

大人の悪い癖で現実的な目標を話してしまいます。真面目すぎなのです。少し大ぶろしきを広げるつもりで、夢に近いビジョンを話しませんか。下町の工場がロケットを飛ばすビジョン、シリコンバレーに進出するビジョン、超個性的な旅行ツアーの会社をつくるビジョン、絶景のカフェを全国に100店舗つくるビジョン、レーシングサーキットをつくるビジョン。学生は社長の語る熱いビジョンの中身ばかりではなくその姿にあこがれるものなのです。

新卒採用活動に若手社員を巻き込む

学生は採用イベントの時、自分の年齢に近い社員を見ます。自分の数年後の姿の投影だからです。なので、採用活動には、できるだけ多くの若手社員がかかわるようにするとよいでしょう。そしてそれが若手社員の成長にもつながります。

しかも、会社説明会では、トップ自らが学生に向けてビジョンを語りますので、会場で手伝いをしている若手社員も、あらためて社長の考えていることやビジョンを聞いて確認することになります。つまり若手社員に社長のビジョンや価値観を刷り込むという意味でも、採用活動に若手社員を巻き込むことは効果があるのです。

当社は採用活動を全社活動と位置付けて、若手社員を何十人も総動員していました。合同企業説明会に採用担当者だけでなく元気のよい若手社員も参加してもらいます。大事な仕事なので通常業務よりも優先させるぐらいでよいと思います。単独企業説明会では大人数の若手社員が、少しおしゃれをして、飛びきりの笑顔で学生を迎えるのです。

新卒採用専門担当者をつくる

最近は合同企業説明会がメイン集客というより、大学生の場合3年生の春からスタートするインターンシップで集客するのがメインになりつつあります。つまり採用活動は一年中やるわけで、総務やその他の担当者が兼任でやるにはなかなか忙しい業務になっています。

多めの新卒を取るのであれば、できれば学生に近い年齢の人を選び採用担当者にすると効果があると思います。知識経験は不要です。就活媒体会社が教えてくれます。当社は管理部門に採用専門担当をまず一人置いて、その後2人になり、今は3人でH

RDという人材開発部門のチームに進化しました。ちなみに彼らは新卒採用だけでなく、社員の個人面談のアレンジ、従業員満足調査、自己申告書とりまとめ、入社前教育、インターンシップ運営などをやっていて、とても忙しそうです。

新卒採用コストは1人50万円~100万円

「新卒採用はコストがかかるから」という理由でためらう経営者もいるかもしれません。たしかに、それなりに採用コストはかかります。しかし、新卒採用をして将来、多角化経営の核となる幹部候補を採用できれば、投資対効果は悪くありません。一人当たり50万円をかけるだけの効果は必ずあるはずです。採用活動が軌道に乗ってくると一人あたりのコストは低くなっていきます。

また、新卒採用コンサルタントを活用するのもひとつの方法です。それなりにコストをかければ、よい人材を取る企画やイベントを準備してくれます。これも投資としては悪くありません。先ほども伝えましたが、コストを安くする方法はいくらでもあります。新卒採用はやらないと始まらないのです。

多角化の人材育成戦略

新卒を短期で幹部に養成する「フレッシャーズキャンプ」

新卒の新人はすぐには役に立たない、成果が出るようになるまでじっくり育てる必要がある――。多くの会社、特に専門知識を身に着けないといけない会社は、このようなスタンスで新人採用をしているかもしれません。

たしかに、新卒は会社にフレッシュな風を吹き込んでくれますが、入社後すぐに成果を求めるのは酷です。スキルも経験もないのですから当然です。

だから、他の会社でもそうかもしれませんが、かつての私たちの会社でも、新卒で入社した新人のほとんどは、1~2年の間は「期待しない」というのが現実でした。それもそのはず、研修プログラムもなく先輩に同行したり、雑用ばかりさせられていたのですから。

しかし、仮に「新人が2年間、成果を出せない」という場合、大きな問題がありま す。なぜなら、入社2年目の社員が一人前になれず、成果を出せないと、翌年の新卒の社員が入ってきた段階で、成果の出ない社員が2倍に増えてしまうからです。

当社では近年約20人前後の新卒を採用していますから、常時40人の成果が出ない社員を抱えることになります。こうした状況は、ダイレクトにコストアップ、一人当たりの生産性ダウンにつながります。多角化経営を掲げ常にチャレンジしている私たちの会社にとっては、大きな課題といえます。

多角化のために積極的に新規事業を立ち上げていれば、必然的に人材が不足します。しかも、新しい事業を軌道に乗せるには、やる気だけではなく、それをやりきれるだけビジネス知識や経験が必要です。新規事業の多くは当初、少数精鋭のチーム編成にならざるを得ませんから、責任と覚悟を持ち、先頭に立って事業を引っ張っていくリーダーシップも求められます。多角化経営を実践する会社にとっては、スピード感を持って、一人前の人材を育てることは避けて通れない道なのです。

そこで思い至ったのが、「新卒の新人を半年で一人前に育てる」さらに「将来の経営幹部としての基礎教育をする」ためのの教育プログラムをつくろうというアイデアです。幸い私は以前、社員教育も販売していた会社にいましたので、不得意なジャンルではありません。さらにいろいろな研修を受講するのが好きで、効果のある研修の経験もたくさん積んでいました。10年ほど前、集中して研究した結果、独自の新人研修プログラムを開発しました。それが「フレッシャーズキャンプ」です。

それまでもいくつかの社内研修を実施していましたが、場当たり的で、体系的ではありませんでした。新卒の社員教育はテクニカルな部分は現場での教育ＯＪＴ。それ以外の大部分は外部の研修会社に任せていました。外部の研修は基本的なビジネスマナーや知識を学ぶにはある程度有効でしたが、将来幹部になり、いち早く成果を出す人材を短期間で育てるには全く効果がないと感じていたのが、「フレッシャーズキャンプ」を自社で立ち上げたきっかけでもあるのです。

「坂道雪だるま作戦」

私は新入社員教育に考えが３つあって、それを実践すべく多くの研修メニューをつくりました。

① 鉄は熱いうちに打て
② 自分で考えて勝手に伸びるようにする
③ インプットとアウトプット力を鍛える

そのなかでも多く活用するのが、ビジネス本です。毎月課題本や自由選択本を読んでもらい、感想だけでなく自分の会社や人生にどのように役立てるかをリポートしてもらうものです。用意しているのは60冊ほど。ジャンルは、マインドアップ、フレームワーク、営業ヒント、マーケティング、会計の知識、ビジネスモデル構造、経営者の伝記、ビジネスノンフィクション、コミニュケーションノウハウなどだ。

ビジネス本は実績のある著者が講演すると、聞くのに数万円も支払う体系化したノウハウや体験談を、惜しげもなく１５００~２０００円前後で提供してくれています。なのにほとんどの会社は、ビジネス本を社員教育に活用する意識がない。本当にもったいないことです。

私はビジネス本読書家です。成功している経営者はほとんどが読書家です。本からの学びと実践がないとすると、とても恐ろしい事です。新人にそう伝えてもあまり読まないので、強制的に読ませて、インプット、アウトプットの習慣をつけさせている。まるで厳しい親のようです。

自分で深く考え、要点を抽象化し自分に置き換える、仮説を立てて実践する、失敗を経験してもらい、坂道で小さな雪だるまが転がしたら勝手にドンドン大きくなっていくような教育方針それが、「坂道雪だるま作戦」です。これが丸投げに通じる私の、すべての基本です。

フレッシャーズキャンプと現場ＯＪＴのすみ分け

私たちの会社に新卒で入社してくる20人ほどの新人は、各部署に配属されて現場のＯＪＴ（オン・ザ・ジョブトレーニング）で仕事を覚えていく。数か月間業務の知識インプット、ワークやロープレのメニューが用意してある。

と同時に、全員が約1年間、毎月1回のペースで開催される「フレッシャーズキャンプ」に参加します。キャンプ中はいくつもの宿題が出されるので、通常の業務と並行しながら、新卒社員は忙しい日々を過ごすことになります。

「フレッシャーズキャンプのコンセプト」

テクニカルスキルは主に配属先で学ぶことにします。フレッシャーズキャンプでは「ヒューマンスキル」と「コンセプチュアルスキル」をしっかり学ぶというものです。

①ヒューマンスキルとは、読む、聞く、書く、話す、よいコミニュケーションする、コーチングスキル、笑顔でほめる、よいフィードバックする、目標達成意欲管理、チームビルディング、器を大きくする、利他の心などです。

②コンセプチュアルスキルとは、本質をとらえる、ビジネスアイデアがひらめく、抽象化する、それを具体にする、会議をファシリテートする、課題解決のポイントをつかむ、などです。

これだけ読むとすごいですが、新人でもわかりやすく楽しく学び習得できるようにプログラムしています。

一日のメニュー

一日の主なスケジュールとしては、経営理念、私のスピーチに始まり、ビジネス書や新聞の読み解き、名物先輩社員講演、グループワークや社内外からゲスト講師を招いて講演会なども開催しています。即興スピーチ、感動体験スピーチ、自分の目標管理進捗状況のワーク、自分の配属チームの業績シェア、お互いほめワーク、そのほか書ききれないぐらい盛りだくさんなのですが、先ほど述べた、ヒューマンスキルやコンセプチュアルスキルワークは習慣化するぐらい、しつこく繰り返すプログラムにしてします。

お気づきのように、フレッシャーズキャンプの特徴のひとつとして、人前でプレゼンやスピーチをする機会がやたらと多いことが挙げられます。たとえば、私が選んだ課題図書のビジネス書を読んでまとめたレポートや、『日本経済新聞』のなかで気になった記事を選び、自分なりの考察を加えたレポートなどを毎月キャンプの参加者とディスカッションし、みんなの前で発表してもらいます。

「読む、書く、考える、話す」という基本的な能力が、ビジネスで成功するために必要なことだと考えているからです。

キャンプ一日の最後は、本日のまとめをディスカッションもらい発表。本日の優秀チームや優秀新人ベスト3を発表し表彰し、競争心に火をつけることも忘れません。

大勢の人の前で話す機会が新人を育てる

特に、人前で話す能力は、大きな武器となります。今の新人は友人などの少人数の場ではあがらずに話ができても、大勢の人の前や仕事の場面だと緊張して、うまく自分の考えや意見を伝えられない人が多いように思います。しかし、フレッシャーズキャンプを通じて毎回、人前での発表をこなしていると、だんだんと慣れて、度胸がついてきます。多くの新卒社員が、キャンプの後半では伝え方も上手になり、イキイキとみんなの前で自分を表現できるようになります。

たとえば、ある新卒社員は、当初、人前に立っただけで、手足がガクガクと震えて、まともに話ができませんでした。緊張で倒れてしまうのではないかと本当に心配したくらいです。ところが、入社から半年が過ぎた頃には、見違えるほどに発表やスピーチが上手になり、最終的には、キャンプで一番輝いていた人を相互投票で選出する「ＭＶＦ（MOST VALUABLE FRESHMAN）」を受賞するほどに変身を遂げました。

キャンプで発表やスピーチを繰り返した新人のなかには、「人前で話すことが楽しくてしかたがない」という社員がたくさんいます。多くの人の前で自分を表現し、伝える力は、場数を踏むことによって磨かれ、自信になっていきます。新人のうちから人前で発表する機会を与えることは、成長を早めるうえでも効果的な方法ではないでしょうか。

ちなみにフレッシャーズキャンプ卒業課題は、ＴＥＤトークです。そうあのＮＨＫでやっている、素敵なお話のプレゼンです。全員が入念に準備した10分間ほどの熱いプレゼンを先輩社員達のまえで堂々と発表するのです。

これを視察に来ていた外部の社長が衝撃をうけていただき、フレッシャーズキャンプ導入運営のお手伝いをしたほどです。

フレッシャーズキャンプ3カ条

当社のフレッシャーズキャンプ参加者のルールをお教えします。

①超積極参加（自信がなくても挙手すること）
②直球&素直（厳しいフィードバックでも素直に聞く姿勢）
③段取り&時間厳守（社会人の基本動作）

超積極参加というのは、たとえば講師や事務局が「質問ある人？」と聞いたら全員が手をあげる、たとえ質問がなくても手をあげるイメージです。当たったら当たった瞬間に考え、質問しろということです。恥ずかしがらない積極性を身に着けます。

直球&素直というのは、忖度とかしないで、誰にでも物怖じしないで意見をいう強い心を持つ。でもいい方を工夫して相手に意見を聞いてもらえるようにしましょう。そして、もし相手から厳しいフィードバックがあれば反発しないで、素直に受け止めましょう。「それも一理あるな」と思いましょう。器の大きい人間になる教育です。

段取り&時間厳守とは、何事も事前準備をしっかりして臨む、そして必ず5分前には到着しようということです。社会人の基本動作のそのままを伝えています。

これは使える3カ条です。ぜひ参考にしてみてください。

会社の数字に強い人材になる

フレッシャーズキャンプでは、会社の収益構造を学ぶプログラムがあります。私はたとえ新人であっても、簡単なレベルの会計の知識を持ち、計算力を身につけることが大切だと考えているからです。

全社員が経営感覚を持っていることほど、強いことはありません。そのために私たちの会社では、新人や若手にも経営のルールをはじめ、会社の収益構造や売上、粗利益、営業利益、経費の内訳といった会社の数字の読み方も積極的に教えています。

すると、どうすれば会社の業績がよくなり、利益を生み出せるのか。そして、自分たちの待遇をよくするにはどうすればいいか、といったことを自主的に考え、行動してくれるようになります。

私は、「100事業100人の経営トップをつくろう」という当社の経営ビジョン「THE100VISION」について、採用やキャンプの段階からしつこいほどに伝えています。将来、事業を立ち上げて経営幹部として活躍するには、早くから会社の数字をはじめ経営感覚を養っておくことが、新人にとって必ず役立つと信じているのです。

新卒社員が新規事業を立案する

また、フレッシャーズキャンプには、「新規事業案の計画策定」もプログラムのなかに組み込まれています。5〜6人ひと組でイチから新規事業を企画、計画を作成し、発表してもらうのです。

ビジネスの経験がほとんどない若者なので、さすがに即採用できるような事業案を仕上げることはできませんが、過去に惜しいのがいくつもありました。テーマは自由なので発想力に富んだユニークな事業案が出てきます。

ただ、ここで大事なのは、事業計画を策定していくプロセスです。中間で発表して

もらい、私や先輩達から

①「コンセプトのユニークさ」
②「社会的意義や既存事業との相乗効果は?」
③「採用や組織についてはきちんと考えているのか?」
④「収益性と投資回収期間は?」

などといった厳しい指摘を受けながら、自分たちの頭で考えながら事業計画書を仕上げていく。このプロセスを経て、事業をつくることの楽しさや大変さといった感覚を体験するのと同時に、ビジネスの視点や知識を深めていくのです。

こうしたフレッシャーズキャンプでの経験は、新人たちの成長スピードを向上させていると実感しています。新人の直属の上司たちも、「入社当時とは見違えるように変わった」「自信がついてしっかりしてきた」といった感想を持っています。

また、フレッシャーズキャンプを始めてから、新人の定着率もあきらかにアップしています。毎月、定期的に同期で集まって一緒にワークを進めていく過程で、絆のようなものが生まれるのでしょう。LINEでのやり取りや飲み会などを通じて、仕事の悩みを相談したり、励まし合ったりしたりしているようです。

新人に「教える」ことで成長していく

フレッシャーズキャンプのプログラムは私が開発しました。特に1年目は積極的に私がプログラムの運営や修正に携わったのですが、2年目以降は、基本的に事務局の社員たちと、私で内容を進化させていきます。

事務局のメンバーは、フレッシャーズキャンプの卒業生が中心。したがって、入社2〜3年の若手社員が、新卒の新人に様々なことを教えることになります。新人たちの発表やスピーチに対して、「よくできているね」と評価したり、「この点が足りない」と指導したりと、まさに「先生」の役割を果たすのです。

こうして若手社員に新人教育を、ある意味「丸投げ」することは、教える側の社員の成長スピードを上げることにもつながります。人に何かを教えようと思えば、自分も勉強しなければいけませんし、「〇〇しなさい」と指導したことは自分も実践しなければ示しがつきません。

そういう意味では、フレッシャーズキャンプは、2〜3年目の若手社員を育てる場でもあるのです。まさに「教える人が一番学ぶ」です。

ついでにいうと、毎回スピーチの準備をする私自身も成長する機会なのです。

社長と新人のコミュニケーションの場をつくる

キャンプの運営は社員に任せているとはいえ、私も月1回のキャンプには、丸一日参加しています。社長スピーチを行うほかは、キャンプの様子を隅で見て（ノートPCで仕事はします）、たまにフィードバックするだけですが、こうして新卒の新人社員と一緒に時間を過ごすことは、コミュニケーション面での効果を生んでいます。

キャンプを始める前は、新卒の社員とコミュニケーションを取るのは、採用の最終面接のときくらい。だから正直いって、現場で社員の顔と名前が一致しないということもよくありました。

社員にとっても、めったに顔を合わせることのない社長ですから、コミュニケーションの取り方もよくわからないでしょう。要は、社長と若手社員の間に大きな距離があったのです。

しかし、キャンプを開催するようになってからは、新人の顔と名前が一致するようになったのはもちろんのこと、「Aさんは、こんなキャラクターだ」「Bさんは、こんな能力を持っている」ということもわかるようになってうれしいです。

また、キャンプで一緒だった社員は、その後も社内で積極的に私に話しかけてくるようになりました。新人との間でコミュニケーションが活発化したのも、キャンプの大きな成果だと実感しています。

多角化を進めて企業規模が大きくなっていけば、社長が新人の社員とコミュニケーションを取る場面はかぎられてきます。フレッシャーズキャンプのような場をつくることによって、そうしたコミュニケーションにおけるギャップを埋められます。

私の経験からいうと、最初は力のない新卒でも環境次第でキャリア入社社員よりなぜか早く育ちます。新卒採用を積極的に行って、自分たちの手で育てていくことを検討してみてはいかがでしょうか。教育のやり方次第で、いずれ強力な経営幹部が育ってくるはずです。

幹部の育成法

今いる社員は宝物

「幹部に仕事を任せて、社長は多角化に専念しましょう」というと、「うちには優秀な幹部や社員がいないから」とぼやく経営者がよくいます。しかしそれは、採用と育成のやり方が悪いだけなのです。じつは当社もシステム経営を導入する前は、経営の一端を任せられるような幹部社員はいませんでした。いい方は悪いですが、頼りない人ばかりの組織でした。しかし、社員参加型のシステム経営を始めてから、新卒社員、中途社員問わず、現場からの叩き上げで、頼もしい立派な幹部として成長していきました。

優秀な幹部は一朝一夕では育ちません。また、優秀なリーダーが外から入ってくる保証はどこにもありません。他社で成功したマネジャーをどこかから連れてこようと画策しても、優秀なマネジャーは採用市場にめったに出てこないのが現実です。

また、運よく採用できたとしても、他社で成功したマネジャーが、まったく条件の違う起業環境下で成功できる保証はありません。むしろ失敗の確率のほうが高いでしょう。私は何度もプロ経営管理者だと思って採用した方が、報酬が高いわりに大したことがなかった経験をしています。整った環境でなら力を発揮する管理者はいるけれど、仕組みをつくりながら成果を出す人は少ないのです。あとは社長である私とビジネスに対する価値観のすり合わせがむずかしかったのだと思います。

「今いる社員は磨けば光る原石」だと考えて、現在の社員を経営幹部に育てていくほうが現実的です。少し時間はかかるかもしれませんが、幹部が次々と育つようなシステムにチェンジすれば、人材不足に悩まされる心配はなくなります。

「システム経営」を導入すると、社長に余裕時間が生まれ、多角化戦略や事業立案などの重要な仕事に専念できる一方で、経営の一部を任されることになる幹部や社員は、経営意識を持ち、急速に成長していきます。

また、委員会での活動を通じて、新人のうちから率先してリーダーシップを発揮する機会を与えられることによって、若手も伸びていきます。

人材がいなくても新規事業を立ち上げる荒技

「チャンスが来たけど、新規事業を任せられる人材がいない」。新規事業は簡単に失敗できないから、実績のない社員には任せられない。実績ある人材は既存事業の主力メンバーなので、新規事業にまわすわけにはいかない。このように考えてしまうときは、少し荒技ですが次のように発想の転換をしてみてはいかがでしょうか。

「先に新規事業を立ち上げれば、自然と人が育っていく」。新規事業ができないでいる経営者は、成功するためには「準備が完璧でなければならない」と思い込みがちです。しかし、もともと優秀な人材が限られている中小企業の場合、人が育つのを期待して待っていたら、いつまでたっても新規事業に打って出ることはできません。

多角化を成功させて、ガンガン売上を伸ばしていく経営者を見ていると、意外に走りながら環境を整備していくスタイルをとっています。はたで見ているとハラハラします。つまり、人を育てる前に、まずは「これはおもしろい事業になりそうだ」というビジネスを立ち上げて、その事業を進めていくプロセスのなかで人を育てています。

私の経験からいっても、「これはいい！」とひらめいたものを、後先を考えず情熱を持ってスタートさせた新規事業のほうが、結果的にうまくいき、売上規模も大きくなったことが多いのです。綿密な計画より情熱をもってやる人間の有無が決め手ということです。

「鉄は熱いうちに打て」といいますが、新規事業も情熱が燃え上がっているうちにさっさと始めたほうが軌道に乗ることが多いのです。最悪社長である自分が寝ないで頑張ればよいのです。

人が成長するメカニズム

新規事業を担う人材は、新規事業のプロジェクトに巻き込み、仕事を任せていくことで、どんどん成長していきます。

たとえば、青年会議所で活動した経験のある方ならご理解いただけると思いますが、青年会議所は会合やイベントなどが非常に多いので、どうしてもビジネスの時間が圧迫されます。だから入会を渋る人も多いのですが、そんな人を説得し入会してもらう決まり文句がひとつあります。「入会すると、会社の権限移譲が進んで部下が育ちますよ」。

青年会議所の活動が忙しくて、会社を空けるようになれば、半強制的に部下に仕事を任せないといけない。そのような環境ができていくと、部下におのずと責任感が芽生え、どんどん成長していく、というわけです。私も含めて権限移譲が成功している経営者の多くは、このような経験をしていると思います。

新規事業も同じです。人材教育に力を入れる前に、新規事業を立ち上げて、幹部や社員に事業責任者を任せてしまう。任される幹部や社員は、最初はおっかなびっくりかもしれませんが、様々な苦労をし、自分で判断していくなかで飛躍的に成長していきます。

多角化経営の大きなメリットのひとつは、新規事業を通じて社員の成長を促せることなのです。人材教育も重要だが、新規事業の立ち上げを優先して、同時並行で人を育てる。これが多角化経営の基本的な考え方です。

責任者のスカウト採用は必要ない

「新規事業を任せる人材がいなければ外から優秀な人材を連れてくればいい」と考える経営者もいるかもしれません。

先ほども伝えましたが、私もこれまで自社にノウハウの蓄積が無い新規事業を立ち上げる際に、すでにスキルのある経験者を採用し、事業責任者を任せたことが何度かあります。しかし、そういったケースは、うまくいかないことがとても多かったのです。

鳴り物入りで入社してきたけれど、実際には期待していたスキルや経験を持ちあわせていなかったケースもあれば、プレイヤーとしては優秀だけれど、マネジャーとしての能力が不足していたというケースもあります。また、当社の社風や価値観、やり方が合わずに実力を発揮できなかった人もいました。前職で実績を出していたとしても、環境や条件が異なると、同じように力を発揮できるとはかぎらないのです。

こうした経験を踏まえて、当社ではＦＣに加盟して始める事業以外、事業を任せることを前提としたキャリア採用はしていません（キャリア採用して育成してから、幹部になる、というのはもちろんあります）。また、同じ理由でスカウト採用のように、他社で活躍している人を引っ張ってくるようなこともほとんどありません。

社内人材活用が基本だが

当社の場合、新規事業の責任者は、あくまでも社内の人材を登用するのが基本です。最初は社内の他の部署と兼任で務めてもらうか、他の部署からの異動で対応しています。

社内で経験を積んだ人材であれば、社長の価値観や会社のやり方も熟知していますから、事業化のポイントを外すことはありませんし、コミュニケーションの面でも問題ありません。

もちろん、新規事業の内容によっては、立ち上げメンバーとしてその分野の経験者を採用することはありますが、あくまでも事業責任者は社内から登用するのが原則です。実際、当社の場合も社内の人材を登用することで、うまくいっています。

そうはいっても全く社内に人材がいない場合は、外部からの責任者採用も仕方ないと思います。その場合辞めてしまう前提で採用すること、そして数字の管理やお金の管理は仕組みをつくりしっかりしましょう。数字の粉飾や金銭横領などの事故はよく起こることです。

なお、新規事業を立ち上げるときは、いきなり新会社を設立するのではなく、小さな事業部から立ち上げるのがベターでしょう。新会社にするより事業部にしたほうが、なにかと柔軟性や機動性を発揮できますし、社員の異動もしやすいという面でもメリットがあります。新会社にするのは、事業が軌道に乗り始めてからでも遅くありません。

新規事業は社員巻き込み型で

新規事業のタネを見つけてきて芽が出るまで育てるのは、経営者の大切な仕事のひとつです。だから、新規事業を立ち上げる段階では、ある程度、経営者がイニシアチブを握ることは重要です。

特に初めての多角化事業にチャレンジするときは、社長が自分で事業を率先して立ち上げて、そこに社員を巻き込んでいくという形がよいでしょう。やはり、社長自身が新規事業を立ち上げるコツや苦労を知っておくに越したことはありません。自分が体験したことがないことを部下に任せるのは無理があります。

ただし、多角化をスムーズに進めるうえでの基本ポイントは、新規事業の企画段階から部下を巻き込んでいくこと。特に、すでにいくつかの事業を持っている会社であれば、部下を事業責任者に指名し、積極的に仕事を任せていくのです。そして、新規事業が立ち上がり軌道に乗りそうな段階で、経営者は「後は任せた」といって新規事業の実務からは身を引き、次の新規事業立ち上げに注力する。これが理想です。

必ずしも部下からアイデアが上がってくるのを待つ必要はありません。新規事業のアイデアを思いつくのはたいてい問題意識の高い社長ですから、「社長企画」の新規事業であってもかまいません。ただ、事業化していくプロセスでは、「社員企画」であるかのようにもっていくことも大切です。社長から「これは面白いから、やってくれ」では、部下はやらされ仕事になってしまい、主体性を発揮できないかもしれません。

たとえば、私がよくやってきた戦法としては、面白い新規事業アイデアがあったら、新規事業を任せたい幹部や社員を現場に連れて行き、実際に体験させること。商品やサービスを体験させたり、あるいは他社を見学させてもらったりして、「こういうサービスって、どう思う?」と尋ねます。

そして同行した幹部や部下が「面白いですね」と興味を示したら、「じゃあ、うちでもやってみないか」といって、部下に新規事業の企画書を書いてもらう。こうすれば部下に押しつける形にはならないので、積極的に動いてくれます。

部下に任せることができない社長

多角化がうまくいかない経営者は、部下に任せることができません。「あれやれ」「これやれ」と指示を出してしまいがちです。たしかに、能力や経験値の高い経営者自らが手取り足取り指示を出したほうが、スピーディーに結果が出て、うまくいく可能性は高いようにも思えます。しかし、このやり方では、部下は経営者の顔色ばかりうかがう「指示待ち人間」になって、いつまでたっても、自分で考え、判断できるようにはなりません。

経営者のなかには、「すごい人と思われたい」「アイデアマンだと思われたい」と思う人がいます。なかには、部下の手柄を自分のものにしてしまう人もいるようです。経営者にとっての得たい結果とは何か？　それは事業の成功であって、まわりからの自分への賞賛ではないはずですね。

社長が先頭に立てば一時的に新規事業はうまくいくかもしれませんが、部下がなかなか成長しないので、いつまでも経営者が陣頭指揮をするはめになります。そうすると、本来の経営者の仕事である、ビジョンを考えたり、最重要課題に費やす時間を確保できなくなります。

経営者の我慢が人を育てる

いったん新規事業を部下に任せたら、プロセスの報告は受けますが、口出しはあまりしません。もちろん、部下があまりにも違う方向に進もうとしていれば「本当に大丈夫か」と、軌道修正を促すことはもちろんあります。程度の問題でしょう。計画に対しての結果は当然求めます。

しかし、「自分のやり方のほうが業績が上がる」と思っていても、指示せずに部下のやり方に委ねてみる。その後部下が「計画通りにいきません」と報告してきたら、「どうしたら、もっと売上が伸びると思う？」と質問し、気づきを促します。答えは与えずに、部下に考えさせるのです。部下は悩み、苦しむかもしれませんが、そうした「濃い経験」が部下を成長させるのです。

正直いって、人を育てるには「我慢」が必要です。部下の仕事ぶりを見ていると、「あれやれ」「これやれ」といいたくなる気持ちはわかります。しかし、そこでグッとこらえる。いいたくても我慢することが、人を育成するポイントです。

それはやったらダメだというのは簡単です。しかし人は失敗を通じて成長していきます。身をもって痛い目に遭うから、その経験を糧にすることができます。

たとえば、部下が電話に出るのが遅いからといって、「電話は2コール以内出なさい」「会社の印象が悪くなるではないか」と厳しくしかるよりも、自分たちで顧客のために早く電話に出るルールをつくるようにしむけ、お客様から直接、「電話に出るのが早くて気持ちがよい」とほめられたことを伝えるほうが、学びは大きくなります。

事業がうまくいっている経営者で、苦労を経験していない人はいません。私は多くの成功している経営者と交流してきましたが、当たり前ですが、失敗や苦労を乗り越えた経験を糧に成功を手に入れた人ばかりです。部下を本気で育てたければ、権限移譲をし、仕事を部下に任せて、どんどん失敗、苦労を経験させなければなりません。

そもそも、失敗したからといって、会社の信用が失墜するケースはごくまれです。会社全体として見れば、小さな損害ですし、本人が少し恥をかく程度でしょう。それよりも、部下が失敗から学ぶ機会を失い、成長しないことのほうが、会社にとって大きな損失です。

また、「部下のやり方よりも、自分のやり方のほうがうまくいく」と経営者が思っても、実際にやってみたら、部下のやり方のほうが成果は上がるかもしれません。時代の変化に敏感な若い感性や思いきりのよさに任せたほうが、うまくいくケースは案外多いのです。

自己主張のできる社員を育てる

多角化をするうえでは、部下へ多めの権限委譲、つまり経営をシステム化し任せることができるかどうかが重要になります。つまり、社員に大胆にまかせ、経営に巻き込んでいくのです。社長が気持ちよくまかせられるためにも、多角化を進めることは有効です。ひとつしか事業がないと、経営者は心配で「丸投げ」ができません。

しかし、いくつも事業があり、次々に多角化を進めていると、経営者は忙しいので「丸投げ」せざるをえません。多角化経営は、「丸投げ」しやすい環境をつくることにもなるのです。ただし、気をつけていただきたいのは、「丸投げ」するといっても、部下にすべての責任を取らせてはいけません。

失敗したときの責任は、「丸投げ」した経営者にあります。「俺が責任は取るから思いっきりやれ」とテレビドラマのようなセリフは照れくさくて言えないかもしれませんが、いずれにしても最終的な責任は経営陣にあります。「責任はあるが、失敗しても責任は取らなくてよい、次の機会に倍返しでばん回するチャンスをつくろう」ということを部下に伝えておく必要があります。そうしなければ、部下は失敗を恐れてチャレンジしません。

中小企業の経営者は、自己主張のできる社員を育てましょう。従業員にとって中小企業で働くメリットは、自分が主体性をもって判断し、仕事を進められる環境があることです。それは失敗に対する許容限度が意外に広いことを教えることです。

上司のいうことを言われたとおりにやるだけであれば、官僚的社風の大企業で働いているのと変わりません。自己主張をし、イキイキと働く従業員がいるからこそ、会社は多角化し、事業規模を大きくしていくことができるのです。

人を動かした経験がある人に任せる

どのような人材に事業を任せればよいでしょうか。事業の責任者は、キャリアだけでは決めません。私の会社では、全体的に若い従業員が多いということもありますが、主に20代後半から30代の若手社員が事業責任者をしています。

もちろん、事業の内容に対する向き不向きなども考慮しますが、一番のポイントは、「人を動かした経験」があるかどうかです。新規事業の責任者に最も求められるのは、ビジネスセンスやスキルでもなく、組織を動かすことだからです。3人でも5人でもいいから、チームリーダーとして組織を率いたことがある人は、人を動かすことがどれだけ大変であるか身をもって知っているので、新規事業を任せても、なんとか事業を前に進めることができます。チームが崩壊したら終わりです。

そういう意味では、天才肌の専門職は、あまり事業責任者には向いていません。たとえば、親しみやすい人柄でお客様の心をあっという間に掴んでしまうようなトップセールスマン。天性の能力で営業マンとしては優秀でも、センスでうまく仕事をまわしている人は、それをロジカルに組織に伝えることができません。できない人の壁の乗り越え方もわかりません。「トップセールスマンが、優秀なマネジャーになるとはかぎらない」とよくいわれるのもそのためです。

それよりも、不器用なタイプだった営業マンのほうが責任者に向いていることがあります。口下手でも売れるように、売るための仕組みやステップを研究しマニュアル化するような努力するため、そのコツを組織にロジカルに伝えることができます。新規事業で組織を動かす際にも、「ロジカルに考え、伝える」ことが求められます。

「黙って俺についてこい」では人は動きません。そして「こんなに面白い事業だから、一緒に頑張ってみよう」と情熱的に説明できて、初めて人は動くのです。

委員会制度の委員長経験は、人を動かすトレーニングという意味もあります。人を動かすのが得意な社員に新規事業を任せる。これも多角化経営を成功させるポイントのひとつです。

イヤなこと、むずかしいことをさせる

新規事業を任せることが人を育てるという話をしましたが、新しいプロジェクトを中心となって進めていく人は、課題、困難にぶち当たっては試行錯誤を繰り返し、様々な成功体験、あるいは失敗体験をしながら急速に成長していきます。

新規事業もそうですが、人は能力以上の仕事をこなして初めて成長します。ですから、幹部を育成しようと思えば、イヤなことやむずかしいことを含めて、何でも丸投げするのが近道です。

私が当社の幹部とお酒を飲むと、昔の幹部たちからしみじみと、こんな思い出を語

られることがあります。「あのとき、社長のことを鬼だと思いました。あの丸投げは本当につらかった。でも今振り返ってみると、あれをやりきって大きな自信になりました」

たとえば、ある若手幹部には昔、訴訟問題を丸投げしたことがあります。当時、営業責任者だった彼に弁護士との打ち合わせやその処理をすべて任せたのです。

通常、中小企業では訴訟問題などの大問題に発展したときは、社長やベテラン経営幹部が出ていき対応に当たるなど、会社でフォローするのが一般的かもしれません。実際、当社グループにも法務に強い幹部がいたので、そちらに任せることもできました。

しかし、営業責任者の勉強のためにと、私はあえて訴訟への対応を経験させたのです。なんとか処理できれば自信になるはずですし、今後、似たようなトラブルが発生したときも、的確な対応が取れるようになります。

私自身、若い頃から訴訟問題をはじめ、数多くのトラブルや問題に直面し、何とかしてきたことが大きな自信になりました。そして、今ではちょっとやそっとのことでは動じない精神力も鍛えられました。何とかする力です。私と同じような経験を、幹部にも体感してもらいたかったのです。

だから、私から様々な試練を与えられた幹部たちは、現在、ちょっとしたトラブルであれば、難なく解決できるノウハウと度胸を身につけています。そのため、私も彼らに安心して任せることができます。

企業経営には、逃げたくなるような様々な問題やトラブルが発生します。たとえば、問題社員に会社を辞めてもらえるように説得する、お客様からのクレームに対応するなどイヤな仕事、むずかしい仕事をあえて部下に無茶振りして社長は見守る。このように突き放すことによって幹部が育っていくのです。

社長の関心ある勉強に幹部を巻き込む

講演会、セミナー、企業視察に参加していてよく感じるのは、世のなかには勉強熱心な経営者が多いということです。私は講師として経営者のみなさんに向けてお話をさせていただきますが、みなさんとても真剣で、ひとつでもいい情報を持ち帰ろうという熱意にあふれているのを感じます。

ところが、セミナーや研修を通じて事業で役に立ちそうなノウハウや情報を仕入れても、それを実際に会社に戻って自社に取り入れるのがむずかしい。そんな悩みを抱える経営者の声を聞くことがあります。そういう経営者に対しての私がアドバイスは、社長だけでなく、幹部も研修に連れてきて、一緒に学ぶことです。

社長だけがいくら勉強し、成長しても、学んだことや実践したいことを幹部に伝えて、実行させることは簡単ではありません。研修に参加して学んだ社長と、参加していない幹部とでは、どうしても温度差が生まれてしまうのです。

だから、研修、セミナー、企業視察に参加するときは、幹部も連れてきて一緒に体験させる。幹部も研修やセミナーの内容に感銘を受ければ、会社に戻ってから自ら学んだ内容やノウハウを現場に落とし込もうとしてくれます。

私が研修やセミナー企業視察に参加するときも、関連のありそうな幹部や社員を連れていくように心がけていますし、私が主催する「実践塾」でも、参加する経営者のみなさんに、「幹部を必ず連れてきてください」とお願いしています。社長だけが成長しても、なかなか会社全体は成長しません。幹部を巻き込みながら一緒に成長していくことで、初めて会社は成長していくのです。

企業視察は効く

また、研修やセミナーだけでなく、優秀な会社を見学してもらい相手の会社の社員さんと交流させたりすることも、幹部を育てる方法のひとつです。これは絶大な効果があります。

自社より先を行くような取り組みをしている他社や、業績を伸ばしている他社のすごさを体験させることによって、これまで見ていたものよりも視点が上がります。「この会社ができているなら、うちもできるはず。もっと上を目指さなければ」と、目指すべき基準が引き上げられるのです。

当社には、私たちの多角化経営やシステム経営に興味を持たれた会社の経営者や社員のみなさんが見学に来ることがあります。そして、多くの見学者が「ウチもこんなシステムを取り入れたい」「これならウチでもできるかも」と目を輝かせて帰っていきます。

このように、いわゆる「他流試合」（企業視察）をすることによって、幹部はより上のレベルを目指して努力するようになるのです。

最初に答えを言わない

気の短い社長は、すぐに「ああしなさい」「こうしなさい」と先に答えをいってしまいます。社長からすれば、すでに解決法が見えているので、部下に指示したくなる気持ちはわかりますが、これでは幹部が育ちません。

「指示待ち」が当たり前になってしまうと、いつまでも社長頼りから脱却できず、自分から考え、動くことができません。これでは幹部として事業を任せることはできないので、いつまでも社長が現場の最前線に立ち続けなければなりません。

「どうすれば解決できるのだろうか？」と自分の頭で考えて、試行錯誤を繰り返すことによって、部下はビジネスに必要な思考力を鍛えることができます。また、自分で導き出した答えやアイデアであれば、主体的に行動するようになります。

したがって、会議などでは、すぐに答えを言わずに、幹部に「どう思う？」と問いかけることが大切です。

「その解決策で、私たちの目的に近づくだろうか？」

「どうすれば、目標を達成することができるか？」

社長が期待するような答えが返ってこないと、じれったく感じるかもしれませんが、部下に自分たちの頭で考え、主体的に行動させることによって、幹部は成長していくのです。

去る者は追わないためにも

「せっかく手塩をかけて幹部を育てても、会社を辞められたらむなしくなる」

このように考える経営者は多いようです。

だから、退職届を持ってきた幹部を必死で説得して引き留めたくなる気持ちはわかります。しかし、私の経験上、一度辞める意志を固めた人は、一度慰留して会社に残ってもらっても、遅かれ早かれ会社を去っていきます。

幹部に去られるのは悲しいことですが、去る者を追っても意味がありません。

それよりも大切なことは、いつ幹部が辞めてもいいように、幹部を複数育てておくことです。

そうすれば、「この人がいないと会社は危うい」と思うような幹部が辞めたとしても、他の幹部が穴埋めしてくれますし、また、幹部が辞めることによって、次の幹部候補が頭角を現してくるものです。一人の幹部が辞めても、必ず代わりになる人材が出てくるので安心してください。

特に、多角化経営を実践していれば、次から次へと幹部候補が育ってきて、常に複数の幹部が存在する状態になります。多角化経営を進めることで、幹部の誰か一人が辞めてもびくともしない組織をつくることができます。

多角化を楽しむ「社風」を育てよう

明るく前向きな社風をつくろう

採用のためのブランディングという意味では、会社の「社風」も大切な要素のひとつです。

私の自慢のひとつは、多くの関係者に「御社は、社風がよいので好きです」と言われることです。実際、私の会社にやってきて、社員を見た人の多くは、「元気がある」「やる気がある」「のびのび仕事をしている」といったポジティブな印象を抱いてくれます。

社風というのは、会社の成長や業績にも大きくかかわってくると私は考えています。一般的に事業や会社が異なると、社風にも差が生まれるものです。しかし、社風が異なると、人材の異動もむずかしくなりますし、グループとしての一体感を醸し出すことができません。

　連邦経営を実践するうえでは、社風についても経営者が真剣に考えて、理想とする社風をつくるような努力をする必要があります。

　特に、多角化を進めるには、ポジティブで、仕事も遊びもなんでも楽しむような雰囲気や新しいことにチャレンジするような社風であるに越したことはありません。ネガティブで失敗を恐れて挑戦しないような社風では、新規事業を立ち上げるのはむずかしいと思います。

経営道は古い

　みなさんは、経営を楽しんでいますでしょうか。

　よい社風をつくる最低限の条件は、経営者が明るく、楽しそうにしていることです。いつもむずかしい顔をしていたら、それが社員にも伝染し、どんよりと沈んだ社風になってしまいます。

私はこれまで、さまざまな業界の経営者とお会いしてきました。かつては、経営コンサルタント会社で働いていたので、客観的に経営者の方々を観察する機会も多くありました。経営者の方々と交流していてよく感じるのは、経営を楽しんでいない社長が多いということです。

財務的に苦しい会社だと、当然、楽しむ余裕がないのは理解できますが、そうではない会社の経営者でも、とても苦しそうに見えて、ピリピリとした雰囲気を醸し出している。恐怖や責任感で、しかたなく経営をしているように感じてしまうのです。

たしかに、経営は簡単ではありません。

ストイックに「経営道」を究めることを悪いことだと思いませんが、経営者が暗い表情で、ピリピリとした雰囲気を醸し出していれば、まわりの幹部や社員も、自然とそのような雰囲気に染まっていくものです。笑顔がなく、つらそうに仕事をする社員ばかりになってしまいます。

それが社風になると、不思議なもので、採用活動をしても似たような雰囲気を持った人材しか集まってきません。そのような会社の業績が上がらないのは、想像に難くないですよね。

ビジネスを楽しむこと

ビジネスは楽しめばうまくいくとは限らないが、楽しまないとうまくいかない。

「仕事も人生もとことん楽しもう」というのが私の持論です。機嫌が悪そうな店員よりも、楽しそうにしている店員から買いたいと誰もが思うように、楽しそうにしている経営者のもとには、人もお金も集まってくるものです。これまでお会いしてきた経営者の方々を見ていても、いつも楽しそうに見える人の会社はたいてい儲かっている。

実は私も、経営者になってからしばらくは、仕事に追われていて、「楽しく働いていた」とはいえない状況でした。

住宅資材の卸商社を営んでいたこの会社に入社した時、「この業界は存在価値が薄れ、これから縮小しいくばかりだ」と脅されたくらいですから、会社をなんとか経営するだけで精一杯でした。

このままではまずい。新しいことを始めなければ……。そんな思いから、新規事業に挑戦することになったのですが、「どうせなら自分が楽しめる仕事をしよう」と考えた私は、貿易の仕事を始めました。

海外旅行が好きだったので、頻繁に海外に出張できる貿易の仕事は魅力的でした。実際に始めてみると、みるみる仕事が楽しくなっていき、それに比例するかのように、事業も売上も拡大していきました。あのまま父親から引き継いだ事業を守ることに必死になっていたら、きっと会社は弱体化していくばかりだったでしょう。

私の経験からいえることは、「仕事を楽しむと業績はよくなっていく」ということです。

社風が業績を伸ばす

仕事を楽しむことの大切さを実際に体現している会社があります。

1952年創業の株式会社高垣工務店は、和歌山県田辺市にある年商10億円の地域密着型工務店です。同社は、実践塾のOBです。

キャッチフレーズは、「なんかいい工務店」。自分たちの事業に面白いネーミングをつけるなど、企画力にあふれています。

ホームページ（http://takagaki.net/）には、住宅会社なのに住宅写真よりも、若い社員のキラキラした笑顔の写真やお客様と楽しそうに交流している写真であふれています。会社の方針はスタッフ全員が相談して決めるなど、まるで毎日が学園祭のようで、イキイキ、ノリノリの社風が魅力的な会社です。ホームページを見たり、社員の人と話していると、同社のそんな社風が伝わってきます。

同社は理念として「あっとうてきにいい人たれ！」を掲げるだけあって、地域貢献活動を積極的に行っています。心が温かくて信用できる工務店として、多くの人に応援されて、注文住宅地域ナンバーワン企業になっています。

高垣工務店は、実践塾でおいて、「人が生まれてから死ぬまでのことに深くかかわりながら、和歌山の発展に貢献する。そして200年企業になる」という壮大でカッコいいミッションをつくり上げました。さらに当社がお手伝いしてキャッチコピーをつくりました。

それが「泣いて、笑って、人生トゲザー」です。お客様に家を売るだけでなく、お客様と一生人生を共にしたいという思いが込められています。覚悟がありますね。私はこういうのが大好きです。

このミッションを実現するために、同社も多角化戦略を取っています。

基本事業である注文住宅は、地元では月3棟に限定して顧客満足を高めているほか、新規事業会社「高垣幸夢店」（こうむてんと読む）という「おせっかい」なほどにお客様のことを考えるリフォーム会社を設立し、さらには当社がフランチャイズ提案する機能回復型のデイサービス「きたえるーむ」事業にも取り組まれました。

このデイサービス事業は、田辺市で開業してからたった数カ月で、通常の経営計画の10倍近い圧倒的なスピードで利用者が増え軌道に乗りました。

社長に秘訣をたずねたところ、通常は経費の関係で開業ギリギリにスタッフを採用するところを、数カ月前に採用し、建築部門の住宅完成お引渡し式や、各種お客様イベント、会議などに出席してもらい、会社の価値観を体得してもらったといいます。

すると、スタッフのみなさんの評判がよく、そのスタッフの口コミで利用者が爆発的に増加したそうです。やはり、温かくて信用できる社風や人柄が業績を後押ししているのでしょう。

そのほかにも、同社はユニークなライフライン事業をいくつも計画しています。地域で住宅の品質や顧客満足を維持するには、建築受注棟数を制限しないといけません。しかし、会社の規模を拡大し、もっと幸せな人を増やしたいと考えた結果、同社は多角化を選択しました。地域貢献と多角化戦略が見事に一致した事例だと思います。

なお、実践塾へ参加した目的は、これから多角化によって規模が拡大していくことを想定し、今からそれに対応できる会社の仕組みや組織を準備することでした。実践塾の期間中に、幹部一同で、「自分たちは何者で、今後どうしていきたいのか」を徹底的に議論し、ミッションやビジョン、組織や仕組みの経営課題などを、具体的な対策に落とし込み、経営改善計画書にまとめあげました。

会社でハイタッチするぐらいのテンションでいる

社風を一朝一夕に変えることはむずかしいと思うかもしれませんが、すぐにでも職場が楽しくなる簡単なコツがあります。

それは、朝出社して、社員一人ひとりとハイタッチをすること。15年ほど前から

ずっと続けている習慣です。（今はコロナで自粛中）

怒っていたらハイタッチなどできないので、自然に笑顔になります。不思議なもので、笑顔になって楽しそうに振る舞っていると、心も楽しくなってくるものです。

これは、もともと職場の雰囲気を明るくするために思いついたアイデアです。「明日からハイタッチをするぞ」と私が宣言したときは、社員はキョトンとした顔をしていました。

案の定、最初は照れてぎこちなかったのですが、1カ月も続けていくと、みんな楽しんでハイタッチをするように。肌が触れ合う効果もあるのでしょう、社員との距離もどんどん縮まっていき、コミュニケーションも今まで以上に取れるようになっていきました。

朝礼で小言をいう経営者は少なくありません。「今は景気が厳しいから、心してやるように」と。

小言をいって業績が上がるようであれば苦労はしません。それよりも朝から楽しい気持ちで仕事をしてもらったほうが生産性は上がるのではないでしょうか。

朝からハイタッチをすると、私も楽しい気分になるし、職場も明るくなる。おまけに生産性も上がる。とてもシンプルな方法ですが、バカにできません。効果は絶大です。ぜひ試してみてください。

ハイタッチにかぎらず、経営者が楽しんでいることを、社員に見せることは大切です。経営者が楽しんでいるように見えれば、それは社員にも伝染していきます。

たとえば、形からでもいいので、「楽しい」というキーワードを口に出してみてはどうでしょう。

私は普段から、「仕事も人生も楽しもうよ」といい続けています。会議でダメ出しをするときも、「その経営計画は楽しくないな。楽しくなるように考え直してよ」とよくいいます。

最初、社員は「楽しいって何?」と不思議がっていますが、いい続けていると、社員もしだいに「楽しんだほうがいいんだな」と本気で思ってくれます。そうした社員の雰囲気は、お客様にも伝わるでしょう。

もしイライラしていて、楽しそうに振る舞えそうもないなら、会社を休む。イライラした態度を社員に見せるよりは、会社に来ないほうがマシです。

これらの方法は、コストをかけずにすぐにできます。まずはできることから試してみてください。

以上新規事業による多角化経営の始め方、その多角化経営をうまく成功させるための仕組みの作り方を、組織や人材中心につたえてきました。

それぞれの項目を発展段階別にチェックする200項目にもおよぶ便利なロードマップ表があります。本では説明しきれませんので巻末のQRコードのリンクで差し上げます。ほかにも参考資料をプレゼントしますので興味のある方はダウンロードして活用してみてください。

連邦多角化経営をやる企業は環境変化対応しやすいので、この不確実な未来に生き残り飛躍するのには、とても有効な経営戦略です。皆さんも本業中心に数千万〜数十億円事業を無数に作り発展されることを願っています。

あとがき

2020年春、歴史的事件、コロナショックが起きました。経済、企業経営は大打撃です。当社グループは複数の事業が大きな赤字になりました。しかし多角化経営のおかげでリスク分散し、他の事業で十分カバーができ、事業縮小、撤退、雇用調整などを回避しました。

過去の話ですが、1997年に起きた金融危機の時、北海道経済はじめ当社グループはかなりひどい経営状態になりました。その反省と対策のために事業の多角化に大きく舵を切り、収益力のアップにも励んだ結果成功軌道に乗り、2008年のリーマンショックは見事に乗り切り、今回のコロナショックも乗り超えようとしています。多角化経営をやっていて本当に良かったと感じています。

私たちは今後も、10年に一度は起きるだろう大きな経済ショック、毎年のように起きる、災害被害をどう乗り切るのでしょうか。現金など内部留保や資金調達など財務基盤の強化すること。環境急変に柔軟に対応できる「組織を仕組み化」して人材を育成すること、そして収入を多角的にすることです。一言でいえば、うまく「多角化経営」を成功させることです。

私は自分の人生に非常に大きく貢献してくれた、「多角化経営」という経営戦略のハードルを下げて、安定と成長を手に入れる企業を増やしたいと考えています。そのための事例や方法を公開し、お手伝い活動中です。それは私のライフワークのひとつになりました。

この本は2015年に書き下ろした『会社を強くする多角化経営の実戦』を、多くの方のご要望にお応えして、大幅に修正、加筆したものです。皆さんは、この不変の組織運営ノウハウを手に入れて、事業の多角化を進めてください。会社経営は苦行や修行ではなくて、やりたいことを実現し、世の中に幸せな人を増やすための仕組みです。お互い頑張りましょう。

読んでくれてありがとうございます。どこかでお会いできることを楽しみにしています。「多角化経営」で仕事と人生をとことん楽しみましょう。

山地章夫

本書を読んでくださったあなたへ、山地章夫より感謝の気持ちを込めて
特別プレゼントを用意しました。ぜひ、ご活用下さい。

特別プレゼント内容

① 「200 項目のリスト」本文のなかで説明した「システム経営」の
発展ロードマップ
② 自慢の新人教育「フレッシャーズキャンプ」一年間のプログラム一覧表
③ 連邦・多角化経営、実践企業 10 社の「ビフォー、アフター」事例集

詳細は下記よりアクセスしてください

https://lin.ee/wxlczf2

※特典の配布は予告なく終了することがあります
※音声、PDF はインターネット上のみでの配信になります
※このプレゼント企画は山地章夫が実施します。
お問い合わせは、http://www.takakuka.jp　にまでお問合せください

【著者略歴】

山地章夫（やまち・あきお）

ヤマチユナイテッド代表。累計120以上の事業を立ち上げ、現在50事業で年商200億円のグループ経営を行っている。グループの一社（株）ジョンソンホームズは2020年度札幌市の住宅着工戸数NO.1ハウスメーカーとなる。その他トップクラスのビジネスを多数経営。採用と教育を重視し、2021年北海道新卒就職人気企業ランキング10位にランクイン（日経新聞社）。優れたビジネスモデル、収益性、社会性、社風が評価され、2015年度船井総合研究所「グレートカンパニー大賞」受賞。多角化経営をポピュラーな経営戦略にするために、講演、執筆活動を行っている。著書に『楽しく儲かる社風経営』（クロスメディアパブリッシング）、『連邦・多角化経営』（日本経営合理化協会）他がある。

新規《しんき》事業《じぎょう》と多角化《たかくか》経営《けいえい》

2021年6月21日　初版発行

発行　**株式会社クロスメディア・パブリッシング**

発行者　小早川 幸一郎

〒151-0051　東京都渋谷区千駄ヶ谷4-20-3 東栄神宮外苑ビル

https://www.cm-publishing.co.jp

発売　**株式会社インプレス**

〒101-0051　東京都千代田区神田神保町一丁目105番地

TEL（03）6837-4635（出版営業統括部）

■本の内容に関するお問い合わせ先 ……… クロスメディア・パブリッシング
TEL（03）5413-3140／FAX（03）5413-3141

■乱丁本・落丁本のお取り替えに関するお問い合わせ先 ……… インプレス　カスタマーセンター
TEL（03）6837-5016／FAX（03）6837-5023／info@impress.co.jp

乱丁本・落丁本はお手数ですがインプレスカスタマーセンターまでお送りください。送料弊社負担にてお取り替えさせていただきます。但し、古書店で購入されたものについてはお取り替えできません。

■書店／販売店のご注文受付 ……… インプレス　受注センター
TEL（048）449-8040／FAX（048）449-8041

カバーデザイン　城匡史
印刷　株式会社文昇堂／中央精版印刷株式会社
DTP　荒好見
製本　誠製本株式会社
ISBN 978-4-2954-0562-7 C2034